JN411502

리틀 빅 히어로

리틀빅 LITTLE BIG HEROES 히어로

김정민 지음

21세기북스

차례

01 난민들의 친구 이호택 … 10
국내 첫 난민지원단체 '피난처'를 운영하다

02 소년범을 치유하는 판사 천종호 … 24
차가운 법정에서 따뜻한 신념으로 소년범들을 치유하다

03 소리를 차는 사람 이창화 … 40
달리고 싶은 시각장애인을 위해 우리나라 최초로 시각장애인 축구단을 만들다

04 헤어진 가족을 찾아주는 경찰관 이건수 … 56
3700여 명에게 잃어버린 가족을 찾아주다

05 당당한 탈북청소년을 키우는 감성 선생님 박상영 … 70
목숨 걸고 국경을 넘어온 탈북청소년들의 자립을 돕다

06 미소를 선물하는 의사 한성익 … 84
마음의 문까지 닫아버린 안면장애인들에게 '만 원 수술'을 하다

07 정신장애인과 향기를 만드는 청년 임정택 … 100
정신장애인들이 새 삶을 살 수 있도록 정신장애 바리스타 카페 '히즈빈스'를 만들다

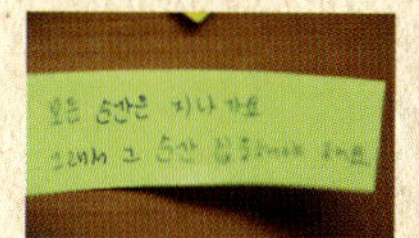

08 아름다운 국수를 나누는 사장 김혁 … 112

버려지는 만두피 자투리로 국수를 만들어 소외계층과 나누다

09 노숙인의 자립을 이끄는 목사 이주연 … 126

농사로 자립할 수 있도록 노숙인들과 함께 '사랑의 농장'을 운영하다

10 먼저 행동하는 '화살표 청년' 이민호 … 142

버스노선도에 화살표를 붙여, 천만 서울 시민들의 시간을 아끼다

11 생명을 살리는 전업주부 정진 … 158

자살고위험자들의 쉼터를 마련해 그들의 회복을 돕다

12 젊음을 나누는 재봉틀 할머니 서두연 … 174

평균 나이 70세, 합포 할머니 봉사대의 대장

13 20대 꿈찾기 멘토 유덕수 … 188

진정한 자신의 꿈을 찾게 하는 '열정대학'을 만들다

14 꿈을 키워주는 악기장 홍의현 … 204

10여 년간 소외된 아이들에게 1000여 대의 악기를 기부하다

15 삶의 마지막 추억을 선물하는 사진사 김완철 … 220
암환자들에게 행복한 사진을 선물하는 '포토테라피스트'가 되다

16 치킨집 사장님의 저녁 7시 김은남 … 234
홀로 저녁을 먹는 이웃 아이들에게 무료 치킨을 배달하다

17 가난을 희망으로 바꾸는 선생님 박해성 … 248
가난 때문에 배움의 기회를 잃어가는 아이들에게 '무상 교육'을 실시하다

18 세상에서 가장 맛있는 밥상을 나누는 경찰 손영훈 … 264
매일 저녁 독거노인들과 밥상을 마주하는 색다른 '서비스'를 하다

19 바람난 생선 가게 주인 이재권 … 278
시장상인들에게 인문학적 풍요를 선물하는 〈수유마을 작은도서관〉을 운영하다

20 착한 자장면 레시피 김영문 … 292
10년째 독거노인과 시설 어린이들에게 세상에서 제일 맛있는 자장면을 배달하다

21 괘씸한 변호사 정보근 … 306
돈 없이도 꿈을 펼칠 수 있도록 사회적 미술학원 '앨리'를 만들다

22 모두를 주인공으로 만드는 감독 손원우 … 320
지적장애인들로 구성된 플로어하키 국가대표팀 '반비'를 만들다

23 미스터 김은 항시 대기 중 김광형 … 334
13년간 국내에 있는 태국인들의 어려움을 돕다

24 5억 원짜리 차를 모는 치과의사 주지훈 … 348
최고 시설의 치과버스로 30여명 의 치과의사들과 무료진료를 하다

25 마흔두 명의 연금술사들 계명대 환경관리직원 일동 … 364
15년째, 학생들이 버린 쓰레기로 성금을 만들어 이웃들을 돕다

tvN 리틀 빅 히어로 … 376

난민의 친구, 이호택 씨는 말합니다. 나는 동권'이었다고, 항상 우리사회에서 제일 어려운 람들을 찾아 다녔다고. 학교를 마치고보니, 가 낮은 자리에 노동자, 농민이 아닌 낯선 이방인들 보이더랍니다. 그들이 바로 외국인 노동자 습니다. 외국인 노동자들의 태반은 조선족이었 그들의 상황을 지켜보기 위해 떠난 중국에서 만 이들이 바로 탈북자였습니다. 탈북자의 다른 름은 난민! 탈북자의 난민 지위를 인정해 달라 국제사회에 줄곧 요청하다보니 이번에는 한국 찾는 난민들이 보이더랍니다.

국내 첫 난민지원단체 '피난처'를 운영하다

episode 01

난민들의 친구 이호택

혹시 이런 친구,
당신에게는 있으십니까?

수중에 돈 한 푼 없을 때,
"밥은 먹었니?" 먼저 전화 걸어주는 친구,

돌아갈 곳을 잃어 막막할 때,
"일단 우리 집으로 와." 손 내밀어주는 친구,

피부색이 다르다고, 말이 통하지 않는다고,
내가 알 바 아니라며 모두가 외면할 때에도
"방법을 찾아보자."라며
꼭 쥔 내 손을 놓지 않는 친구.
여기 그런 사람이 있습니다.

난민들의 친구, 이호택입니——다.

안젤라의 기도

소녀의 이름은 안젤라, 2005년 의정부에서 태어났습니다.
안젤라는 프랑스어, 영어, 링갈라어까지 3개국어를 쓸 줄 알지만
어린이집 친구들과 나누는 한국말을 제일 잘합니다.
그런 안젤라가 요즘 아침마다 웁니다.
친구들이 있는 어린이집에 가고 싶어서입니다.
안젤라 아버지는 얼마 전부터 어린이집 원비를 내지 못했습니다.

안젤라 어머니는 극심한 스트레스와 두통을 앓으면서 이가 일곱 개나 빠졌습니다. 친정집과 연결된 유일한 끈은 선불카드를 넣고 사용하는 국제 전화! 그러나 불심검문에 걸릴까 두려워 집 밖으로는 한 발짝도 나가기 어렵습니다.

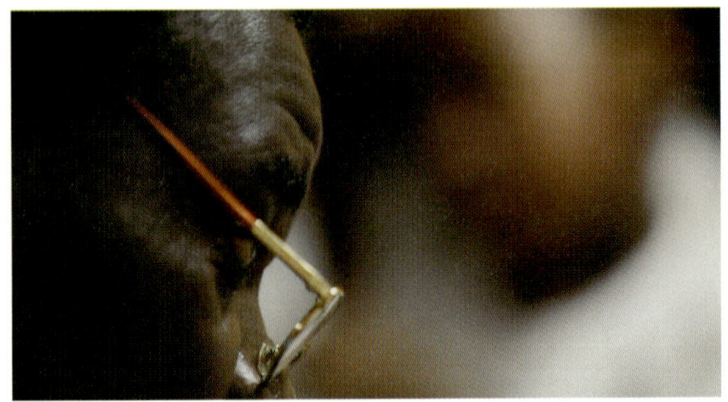

안젤라 아버지는 음악가입니다.
자신이 지지하는 정치 지도자를 위해 노래를 불렀다가
감옥에 갇히고 고문을 당했습니다.
식구들을 모두 죽여버리겠다는 위협에 시달리다 못해
지난 2005년 고국 콩고에서 도망치듯 탈출했습니다.

안젤라 가족은 국제 난민입니다.

지난 20여 년간 한국에 망명신청을 한 5000여 명의 난민들 중에 안젤라 가족도 포함돼 있습니다. 그러나 한국에서 태어난 안젤라는 국적이 없는 소녀입니다. 나라의 박해를 피해 한국으로 온 안젤라 아버지는 콩고 대사관에 갈 수가 없습니다.

지금까지 법적으로 난민 지위를 인정받지도 못했습니다. 안젤라가 한국에서 태어났다는 증거는 병원 서류 한 장이 다입니다. 보험도 없고 지원도 받지 못합니다. 아파도 병원에 가는 일이 드물고 친구들보다 돈을 두 배는 더 내야 어린이집에 다닐 수 있습니다.

안젤라는 또래 친구들과 달리 태어나서 한 번도 못 해본 일이 많습니다. 수영장도 가고 싶고, 놀이 공원에도 가고 싶습니다.

하지만 제일 가고 싶은 곳은 친구들이 있는 어린이집이랍니다.
안젤라는 매일 저녁 어린이집에 가게 해 달라고 기도합니다.

안젤라의 기도는
이루어질 수 있을까요?

1950년 한국전쟁 당시, 우리도 난민이었습니다

난민의 친구, 이호택 씨는 말합니다.
나는 '운동권'이었다고, 항상 우리사회에서
제일 어려운 사람들을 찾아 다녔다고.

**학교를 마치고보니, 가장 낮은 자리에 노동자,
농민이 아닌 낯선 이방인들이 보이더랍니다.
그들이 바로 외국인 노동자였습니다.**

당시 외국인 노동자들의 태반은 조선족이었고, 그들의 상황을 지켜보기 위해 떠난 중국에서 만난 이들이 바로 탈북자였습니다.

탈북자의 다른 이름은 난민!

탈북자의 난민 지위를 인정해 달라고 국제사회에 줄곧 요청하다보니 이번에는 한국을 찾는 난민들이 보이더랍니다.

정작 우리나라를 찾은 난민에게는 누구도 신경을 쓰지 못하는 현실도 함께 보였습니다.

난민은 종족이나 종교 분쟁의 피해자, 정치적 망명자 등 박탈된 권리와 자유를 찾아 피난 온 이들입니다. 제 나라에서는 배움의 기회를 누린 이들이 대부분이지만, 한국에서 그들은 피난민일 뿐입니다.
지난 세월, 출셋길의 전형이었던 명문대 출신의 홍세화 씨가 '남민전 사건'으로 프랑스 파리에서 택시기사로 살 수밖에 없었던 것처럼 말이지요.

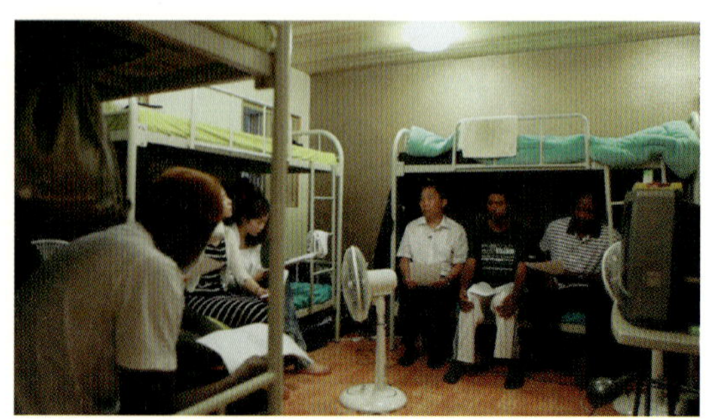

자고 일어나보니, 자신이 쌓아왔던 삶의 토대가 모조리 없어지는 것! 부모나 형제, 친구, 재산, 사회적 지위는 물론 미래마저 잃게 되는 것이 피난민의 삶입니다.

"저 같은 경우도 사실은 사법 시험에 여러 번 떨어졌어요. 법학을 하면 대부분 전형적으로 사법 시험에 합격하고 판·검사나 변호사 이런 길을 가잖아요.

제가 가진 많은 것들이 무너지면서
일종의 난민이 된 거죠. 파산한
사람 같은 느낌이 들더라고요."

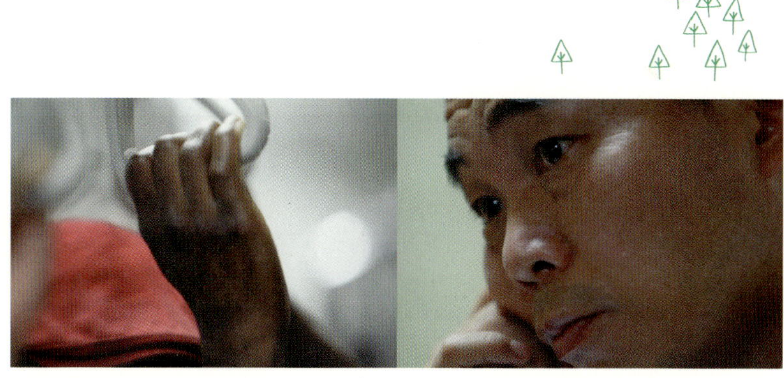

이호택 씨가 우리에게 묻습니다.

제 나라로 돌려보내면 박해받고 고문받고 심지어 목숨을 잃게 될 사람을 어떻게 모른 체하느냐고, 어떻게 돕지 않을 수 있느냐고 말입니다.

이호택 씨는 힘주어 이야기합니다.

자신이 너무 어렵고 힘들어 무릎이 꺾일 때가 되면, 반드시 온정의 손길을 건네주는 이들을 만났노라고… 그렇게 마음 따뜻한 사람이 많은 곳이 우리나라라고 말입니다.

"결국 제가 그 당시는 실패한 법률가였지만, 최종적으로는 법률가로서의 삶을 살고 있죠. 지금도 난민들을 위해서 하는 대부분의 일이 법률적인 것이고요. 난민의 삶도 마찬가지예요. 갑자기 나락으로 떨어져서 다른 나라로 유랑하게 되면 걸인이나 유민, 빈민 같은 그런 삶을 살게 되죠. 하지만 결국 그들은 또 회복될 사람들이고, 돌아갈 사람들이에요."

그러고보니,

우리 또한 난민이던 시절이 있었습니다.

한국전쟁으로 숱한 피난민들이 생겼지요. 그때의 상처를 보듬고 어루만져 이제 우리는 세계 10위권의 경제대국으로 성장했습니다. 21년 전인 1992년에는 난민협약에도 가입했습니다. 그러나 지금까지 우리나라로 난민신청을 한 5485명(2013년 5월 말 기준) 중 난민 인정자는 고작 329명, 인도적 체류는 173명에 불과합니다.

"지난 20여 년 동안 우리나라에 와서 도와달라고 한 사람들의 수는 세계 난민의 일만분의 일에 불과해요. 우리나라는 세계 10위권에 들어가는 경제대국입니다. 이런 큰 경제력을 가진 나라에 세계 난민의 일만분의 일이 와서 도와 달라고 하는데 다른 나라에 가서 알아보라고 한다든지, 당신을 도와 줄 여력이 안 된다든지 그렇게 말할 수 있을까요?"

경제적 보상은 바랄 수도 없습니다. 사회적으로도 조명받거나 인정받는 것과는 거리가 멉니다. 난민의 친구가 되는 것은 그런 일입니다.

그러나 누군가는 꼭 해야 할 그 일을 '피난처'의 이호택 대표가 묵묵히 하고 있습니다.

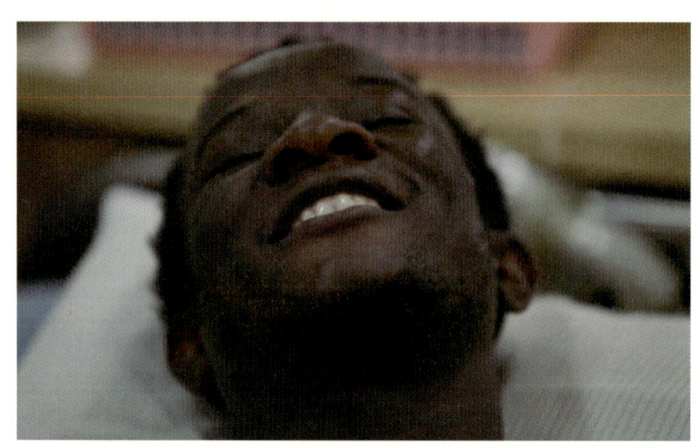

가장 낮은 곳

우리가 겪었던

바로 그들의 삶

He says...

우리 국민들에게는 모두 남을 도울 수 있는 아름다운 마음이 있다는 것을 알아요. 그런 마음 덕에 우리는 어려울 때마다 포기하지 않을 수 있었고 항상 길을 찾을 수 있었어요.

난민들에게는 우리가 마지막 소망이에요.
그런데 그분들에게
안 되겠다는 말을 어떻게 해요.
저는 그래서 희망의 끈을 놓을 수가 없어요.

『난민들의 마지막 소망이 되고 있는 '피난처'의 이호택 히어로.
그와 함께 난민들의 친구가 되기를 희망하는 이들에게는, 난민들에게 실질적인 피난처를 제공하고 지원하는 기독 NGO '피난처'의 후원자가 되는 방법을 권유한다. 후원금은 난민들의 인권 옹호, 난민 지위 인정의 법률적 지원, 생활 지원 및 탈북청년들을 위한 '자유학교' 운영에 밑거름이 될 것이다.』

피난처: http://www.pnan.org

천 판사는 부산에서도 유명한 빈민가 '까치고개'
서 7남매의 장남으로 태어났습니다. 위로 누나
명, 아래로 남동생 셋이 있으니 서열로는 위아
통틀어 정 가운데입니다만, 남아 중심의 문화가
존했던 당시, 그는 집안의 명운을 짊어진 '
남'으로 자랐습니다. 9명의 식구들은 '하꼬방
라 불리는 슬레이트집에서 살았습니다. 끼니를
를 때도 제법 있었습니다. 이웃의 친구들 대부
은 상급 학교 진학을 포기하고 산업 현장에 나
서 식구들을 위해 돈을 벌어왔습니다. 소년 천
호도 친구들처럼 몇 푼의 돈을 벌어서 어
동생들에게 밥을 먹이고 싶었습니다. 그러
소년은 가족들이 모두 잠든 새벽, 단칸방 한구
에 아주 작은 상을 펴고 공부를 했습니다. 미안
마음을 한쪽 구석에 접어두고 말입니다.

차가운 법정에서
따뜻한 신념으로 소년범들을 치유하다

episode 02

소년범을 치유하는 판사 천종호

혹시 이런 판사 보셨습니까?

법정 안에 들어서는 피고와 필사적으로 눈싸움을 합니다.
법정에서 화해하는 소년범과 그 가족을 위해
남몰래 눈물을 훔치기도 합니다.
일곱 명의 소년범이 한 끼에 먹어치운 삼겹살 48인분어치를
기꺼이 지불합니다.

소년범의 상처를 치유하는
그는 천종호 판사입니다.

눈물바다 법정

천정호 판사, 소년범을 맡고 있는 그의 법정에서는 이제껏 없었던 일, 그렇지만 해야만 했던 일들이 벌어지고 있습니다.

부모님과 화해하라며 무릎을 꿇리고,
더 꽉 끌어안으라며 호통을 칩니다.

"아이들은요. 남자의 눈물을 잘 못 봐요.
그래서 아버지의 눈물에 진짜 약합니다.

**아버지가 자기 앞에서 꿇어앉아 울어준다는 게
아이들은 정말 감사한 거죠."**

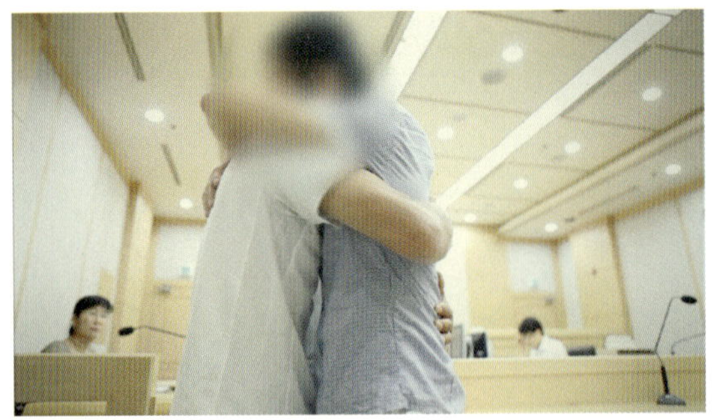

법정에 나온 소년범들에게 그는
단정치 못한 아이에게는 이발하고 다시 오라 하고,

"가출해서 노숙하거나 모텔을 전전한 아이들의 눈빛은 정글에 혼자 남겨진 야수와 같습니다.

그때 조그만 눈빛 하나, 태도 하나를 놓쳐버리면
그 아이가 진정성이 있는지 없는지를
놓치게 되거든요."

가수가 꿈이라는 아이에게는 큰 목소리로 노래를 불러보라 합니다.

"진짜 꿈을 가진 아이라면 저희가 다른 전문가들을
소개해서라도 그 아이의 꿈을 키워줘야죠."

천종호 판사는 이것을
'화해 회복 재판'이라 부릅니다.

그리고 법정에서의 치유는 법정 밖으로도 이어집니다.
천종호 판사가 창원으로 부임한 이후 부산·경남 지역에 7곳의 청소년 회복센터가 개설됐습니다.

청소년 회복센터란 가정의 해체로
돌아갈 집이 없는 소년범들의
울타리가 되어주는 곳, 일종의 대안 가정입니다.

소년범들의
울타리가
되어주는 곳,

이곳에서 아이들은 소년원에 가는 대신
또래 아이들과의 관계를 회복해 '깔깔맨'이라는 별명을 얻기도 하고 학교로 다시 돌아가 선도위원이 되는가 하면 대기업 인턴사원으로 취직해 에어컨 정비기술을 배우고 천종호 판사처럼 법조인이 되겠다는 꿈을 꾸기도 합니다.

"친엄마는 3살 때 교통사고로 돌아가셨고, 새엄마랑 아버지는 만날 싸우고, 아버지는 술만 드시면 때리고… 원망을 많이 했어요. 아버지한테는 항상 미안합니다. 말 안 듣고 그래서."

"혼자 사신다고 고생 많으신데… 그냥 사랑한다고 말씀드리고 싶고 같이 밥 한 끼 먹고 같이 자고 싶어요."

"헛산 것 같아서요. 내가 조금만 참고 미래에 대해 생각 좀 했으면, 그랬으면 좋았을 텐데. 너무 바보 같아서 후회스러워요.
그냥 이대로만 쭉 갔으면 좋겠어요. 사고 안 치고요."

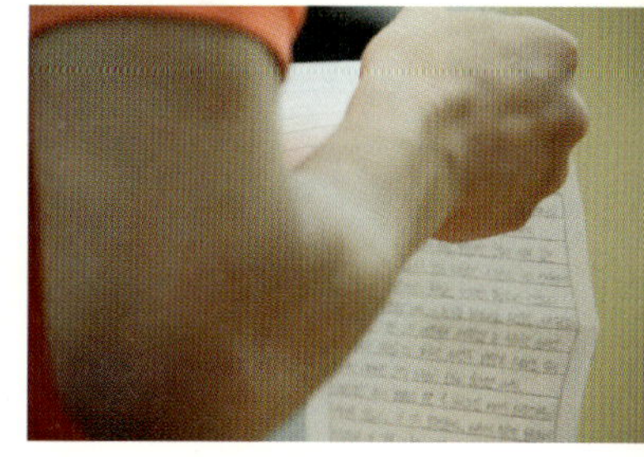

천정호 판사는 출퇴근길에 한 번씩 청소년 회복센터에 들러 아이들과 라면을 끓여 먹거나 치킨 파티, 삼겹살 파티를 벌입니다. 키는 얼마나 컸는지, 여드름은 얼마나 생겼는지 따위, 자잘하고 소소한 말들을 주고받습니다.

고구마, 내가 받은 소중한 선물

"언젠가 출근길에 청소년 회복센터 아이들을 만났어요. 그런데 그 아이들 중 하나가 플라스틱 통을 뒤적여 고구마 하나를 주더라고요. 그런데 그 고구마는 보호관찰 교육을 받으러 가서 먹을 간식거리였습니다. 턱, 하고 목이 메면서 가슴이 찡해지더라고요."

그날 저녁 천종호 판사는 그 아이들과 몇 명을 더 데리고 근처 페밀리 레스토랑으로 갔답니다. 고마워서 저녁이라도 사려는 마음으로요. 참 즐거웠답니다. 판사와 보호관찰 소년이 아니라 동네 아저씨와 아이 사이로 웃고 떠들 수 있었다는 것이 말이지요. 그날 함께 있던 아이 한 명의 말이 지금도 귀에 맴돈답니다.

"지금까지 살아오면서 대접을 가장 잘 받았어요."

약속의 나무

천정호 판사, 그의 마음과 몸 속에는 어린 시절부터 뿌리내린 자신과의 약속의 나무가 몇 그루 있습니다.

천 판사는 부산에서도 유명한 빈민가 '까치고개'에서 7남매의 장남으로 태어났습니다. 위로 누나 세 명, 아래로 남동생 셋이 있으니 서열로는 위아래 통틀어 정 가운데입니다만, 남아 중심의 문화가 엄존했던 당시, 그는 집안의 명운을 짊어진 '장남'으로 자랐습니다.

9명의 식구들은 '하꼬방'이라 불리는 슬레이트집에서 살았습니다.

끼니를 거를 때도 제법 있었습니다.

고난과 삶에 지친 이웃들은 거칠었습니다.

도대체 무슨 일 때문이었는지 이제는 기억도 잘 나지 않지만, 옆집 아주머니가 어린 천종호 판사를 밀치는 바람에 대퇴부 골절로 몇 달간 앓아눕는 일이 생겼습니다. 친구들보다 학교도 1년 늦게 입학할 정도로 큰 사건이었습니다. 그러나 옆집은 야반도주하듯 이사를 가고 식구들은 별다른 대응을 하지 않았답니다. 모두가 가난했던 시절 비일비재했던 일이라 여길 수도 있겠지만, 7살 소년이 받아들이기에는 참으로 '뼈'가 아팠을 겁니다.

억울한 일을 당하지 않겠노라,
그의 마음과 몸 속에 처음 새긴 최초의 약속입니다.

이웃의 친구들 대부분은 상급 학교 진학을 포기하고 산업 현장에 나가서 식구들을 위해 돈을 벌어왔습니다. 소년 천종호도 친구들처럼 몇 푼의 돈을 벌어서 어린 동생들에게 밥을 먹이고 싶었습니다. 그러나 소년은 가족들이 모두 잠든 새벽, 단칸방 한구석에 아주 작은 상을 펴고 공부를 했습니다. 미안한 마음을 한쪽 구석에 접어두고 말입니다.

"식구들에게 진 빚을 언젠간 갚겠다."
그의 마음과 몸 속에 새겨진 두 번째 약속입니다.

85학번으로 대학에 진학했습니다. 친구들은 강의실 대신 거리에 나가 돌을 집는 선택을 했던 시대였습니다. 그러나 장학금이 아니면 학교를 다니기 어려웠던 청년 천정호는 도서관에 남아야 했습니다.

"나는 어렵고 약한 사람들을 돕기 위해
이 길을 가고 있다. 절대 잊지 말아야 한다."
그의 마음과 몸 속에 세 번째 약속이 새겨졌습니다.

판사가 되었습니다. 가사재판을 4년 넘게 맡았습니다.

4년 전부터는 소년재판을 맡게 됐습니다. 소년재판은 판사들이 선호하는 업무영역은 아니었지만, 그는 왠지 모르는 설렘을 느꼈다고 합니다.

보이지 않는 '지팡이'가 그를 이끌고 있다는 느낌도 받았답니다.

가난에 찌들고 가장 가까운 이들로부터 상처받은 아이들을 볼 때마다 천정호 판사의 마음과 몸 속 깊숙이 자리한 약속의 나무들이 한 뼘씩 커져 열매를 맺은 덕분입니다.

그 열매들은 또 다른 약속의 씨앗을 품고 있을 겁니다.

천정호 판사, 그를 움직이게 한 것은 어린 시절 자신과 맺은 약속입니다. 그 약속을 조금이라도 실현해나가고 있는 요즘이 그는 행복하다고 조심스레 고백합니다.

"저의 초심이 유지되었다기보다는, 막연히 했던 마음의 약속들이 이제야 구체화 된 것이라고 말씀드릴 수 있겠습니다.
비행소년들이 처한 상황이 너무도 열악한데 도움의 손길은 더더욱 적은 것을 보니 저의 형제들, 제가 나고 자란 마을의 친구들과 선후배들의 모습이 떠오르더군요. 그렇게 해서 여기까지 오게 되었습니다.

초심이라는 말을 붙일 수 있다면
바로 지금부터가 아닐까요?"

약속은

지켜져야 한다

He says...

비행소년들은 가정에서 버림받고 학교에서 소외되고 사회에서는 안 좋은 시선으로 바라보고, 가는 곳마다 치이며 살았어요. 소년범의 40%는 결손 가정, 70%는 빈곤 가정의 아이들입니다. 대부분이 절도, 강도 등 배가 고파서 저지른 생계적인 비행들이 많아요. 그런 애들한테 우리가 엄벌의 칼을 댄다는 건 뭔가 잘못됐다는 느낌이 들지 않습니까?

소년은 미래의 주인공입니다.
비행소년도 대한민국의 소년입니다.

『울타리 없이 자란 비행소년들에게 기회를 주어야 한다고 말하는 천종호 히어로.
그가 창원지법에 부임한 이후 만든 '청소년 회복센터'는 최소한의 국가 지원과 소수 후원자들의 기부금으로 운영되고 있다.
천종호 판사의 믿음에 동참하길 원하는 분들은 한물결청소년지원단 누리집에 소개돼 있는 청소년 회복센터로 개별 접촉해 후원 절차를 밟을 수 있다.』

한물결청소년지원단: http://www.mansaboy.com

세상에 없던 것을 뚝딱 만들어낸 사람.
렇습니다. 이창화 씨는 수완이 참 좋은
람입니다. 맹학교를 졸업한 젊은 날의 그는 조
과장해서 말하자면 일사천리로 부자가 되었습
다. 돈 버는 일이 그리 어렵지 않았다고 합니다.
가 밝힌 '쉽게 돈 버는 방법'은 이렇습니다. 식후
담배를 피우는 이가 있다면(당시에는 식당 흡연
가능했으니까요.) 담배 종류까지 알아두었다가
시 찾아왔을 때 당신은 우리의 'VIP'라며 은박
에 곱게 싼 담배를 선물하고, 다방은 아니지만
탕 하나 프림 둘과 같은 인스턴트 커피 취향을
억해두었다가 대접하는 식입니다. 일종의 '감
을 느낀 손님들은 그 식당을 꼭 다시 찾
되다는 겁니다.

달리고 싶은 시각장애인을 위해
우리나라 최초로 시각장애인 축구단을 만들다

episode 03

소리를 차는 사람 이창화

철들고 난 뒤부터는
'쭈욱' 사장, 회장, 이사장으로 살아온 이가 있습니다.
그는 누구도 그를 고용해주지 않았기에 스스로
고용주가 됐다고 말합니다.
사실, 그는 누구에게든 먼저 알은체하지 못하는 시각장애인입니다.

그리고
지금 대한민국에서 가장 큰 '녹음 도서관'의 관장입니다.

축구하며 놀기를 좋아했던 그는
대한민국 최초로 시각장애인 축구단을 만들어 구단주가 됐습니다.

그는 바로 전 재산을 털어 다산복지재단을 만든
이창화 이사장입니——다.

"축구 경기할 때 소리는 믿음이죠.
우리가 움직일 수 있는 믿음.
뛰고 달리고 슛을 할 수 있는 빛이자 믿음이죠.

그 소리를 저희가 무조건 믿고 따르니까요. 상대방이 부딪히지 말라고 '보이보이'라는 소리를 늘 내주거든요. 그 소리마저도 시각장애인들에게는 길이 되고 믿음이 되는 거죠."

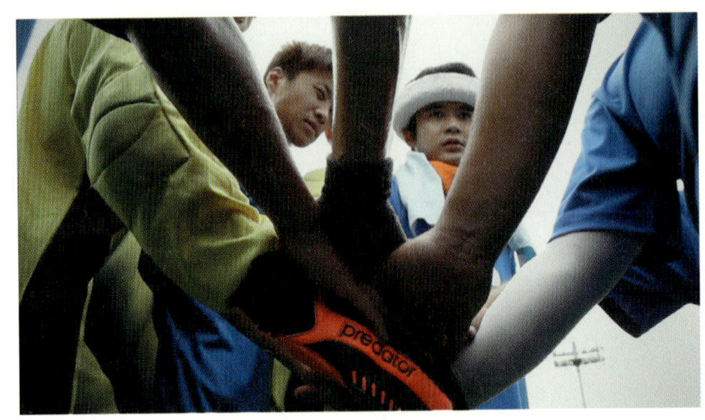

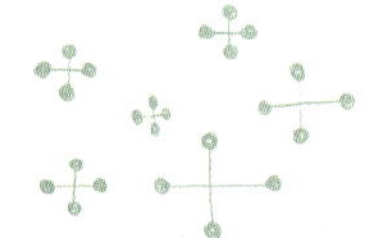

앞이 보이지 않는 시각장애인들이 축구를 합니다.
머리에 두터운 보호대를 착용한 것 외에 선수들의 움직임은 평범한 축구선수들과 크게 달라 보이지 않습니다. 단지, 딸랑딸랑 소리가 나는 공, 그 공의 위치와 상대 선수들이 어디에 있는지 소리를 질러 알려주는 가이드, 연신 작전을 외치는 코치 그리고 선수들을 보호하기 위한 사이드 펜스가 있을 뿐입니다.
그밖에 축구장에서 만끽할 수 있는

스피드와 박진감 그리고 골을 넣었을 때의
환호와 성취감은 여느 경기와 다를 것이 없습니다.

소리를 차는 축구

대한민국에 시각장애인 축구를 들여온 이가 바로,
다산복지재단의 이창화 이사장입니다.
그는 1998년 해외토픽에 실린 시각장애인 축구
뉴스를 보고는 이내 스페인으로 달려갔습니다.
소리추를 넣은 공, 안전이 확보된 경기장, 그리고 운영 규칙까지
꼼꼼히 살펴보고 귀국한 이창화 씨는 바로 든든한 '빽'을
찾아갔습니다. 그 '빽'은 김수환 추기경!

추기경께서는 이창화 씨의
'꼬임'에 넘어가 여러모로
아낌없는 지원을 해주셨답니다.

그리고 1년도 안 돼서 송파구에

번듯한 시각장애인 축구장이 만들어졌습니다.

스피드와 박진감

환호와 성취감

소리를 차는 축구

돈 버는 거 하나도 어렵지 않아요

세상에 없던 것을 뚝딱 만들어낸 사람.

그렇습니다. 이창화 씨는 수완이 참 좋은 사람입니다.

맹학교를 졸업한 젊은 날의 그는 조금 과장해서 말하자면

일사천리로 부자가 되었습니다.

그는 돈 버는 일이 그리 어렵지 않았다고 합니다.

그가 밝힌 '쉽게 돈 버는 방법'은 이렇습니다.

'음식점을 차렸다면 찾아온 손님들의 취향을 일일이 기록하라'

식후에 담배를 피우는 이가 있다면(당시에는 식당 흡연이 가능했으니까요.) 담배 종류까지 알아두었다가 다시 찾아왔을 때 당신은 우리의 'VIP'라며 은박지에 곱게 싼 담배를 선물하고, 다방은 아니지만 설탕 하나 프림 둘과 같은 인스턴트 커피 취향을 기억해두었다가 대접하는 식입니다.

일종의 '감동'을 느낀 손님들은 그 식당을 꼭 다시 찾게 된다는 겁니다.

한 번은 이런 일도 있었답니다.
적자에 시달리던 김치 공장을 인수한 뒤 어렵게 일본인 바이어를 만났습니다. 3분만 시간을 내달라는 간곡한 부탁 끝에 얻어낸 자리였습니다. 이창화 씨는 김치공장 사장이 되고 난 뒤 속성으로 치열하게 익힌 일본어로 "목소리가 몹시 피곤하게 들린다"라며 오늘 주어진 3분은 당신의 굳은 어깨를 푸는 시간에 할애하겠다고 나섰습니다. 3분은 30분이 되고, 다음 만남 때는 3시간이 되어 급기야 일본 최대 슈퍼체인에 김치를 납품하는 성과를 얻게 됐습니다. 맹학교 때 건성으로 배운 '안마'가 그리도 긴히 쓰일 줄은 몰랐다며 그는 너스레를 떨었습니다.

그의 돈 버는 방법은 다름 아닌 '고객만족'이었습니다. 누구나 알고 있지만 실천하기는 어려운 일을 몸소 실행한 것이지요.

그런 그가 지금으로부터 10년도 전에, 나이 마흔을 앞두고 '남'이 아닌 '나'를 만족시키기 위한 결심을 합니다. 그것은 자신의 전 재산으로 다산복지재단을 설립하는 일이었습니다.

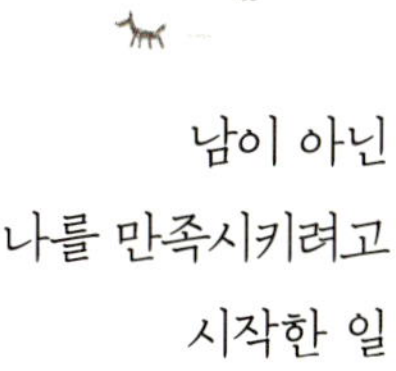

남이 아닌
나를 만족시키려고
시작한 일

"우리 아이들이 그런 말을 해요, 아버지가 사업할 때는 경제적으로 풍요로웠지만, 사회복지사업을 하면서 경제적 혜택을 많이 못 누렸다. 하지만 아버지의 그런 모습이 너무 자랑스러웠다.

그래서 학교 다닐 때 공부도 더 열심히 했고
사회인이 돼서도 이만큼이나마 성공한 건
모두 아버지 덕이라고요."

성인이 된 자녀들로부터 이런 이야기를 듣는
아버지가 우리나라에 얼마나 있을까요?
불혹의 나이에 내린 그의 결심이

참 많은 이들에게 웃음을 선사했습니다.

세상에서 가장 성질 급한 사나이

"저는 자선사업가도 아니고 사회복지사도 아니에요.
제가 아쉬운 일을 남한테 맡겨보니 속도도 느리고 결과도 만족스럽지 않더군요.
차라리 내가 해결해보자, 해서 시작했던 게 사회복지와 연결이 돼서 살아왔을 뿐이죠."

누구나 그렇듯 옆에서 도와주는 이가 없었더라면 이창화 씨의 삶은 지금과 많이 달라져 있었을 겁니다.

그럼에도 불구하고 그가 믿는 것은 결국 자신입니다.

시인이 꿈이었지만
그가 도서관에서 읽을 수 있는 점자책은 몇백 권에 불과했고, 혹시나 같은 책을 찾는 대출자가 있을 경우, 1권을 다 읽는 데 한 달 이상이 걸린 적도 있었답니다.

결국 그가 선택한 책 읽기는 '녹음 도서관'을 만드는 것!

성질 급한 그가 나선 결과입니다.

축구를 하는 게 좋았지만 그가 찼던 공들은 돌을 넣은 깡통 혹은 저금통!

'통'들이 굴러갈 때는 소리가 나지만, 멈춰서기라도 하면 대체 '통'이 어디 있는지 몰라 축구하는 시간보다 '통' 찾는 시간이 더 걸렸답니다.

성질 급한 그가 계속 나선 덕분에 장애인 전용 운전면허교육장이 생겼고, 장애인 소비자 연합을 만드는가 하면, 장애인 유니버설디자인 협회까지 설립합니다. 세상에서 가장 성질 급한 이 사나이는 지금도 뭔가 더 해결할 일이 없을까, 하고 '두 눈'을 부라리며 길을 걷습니다.

지금 그가 꾸미고 있는 일은 두 가지!

하나는 지금 막 건립을 마친 헬렌켈러 센터(중복 장애인들의 생활과 교육을 담당하는 곳)를 성공적으로 운영하는 일이고, 또 다른 하나는 제3 세계의 어린 시각장애인들을 한국으로 초대해서 교육을 시킨 뒤 고국으로 다시 보내서 그 나라의 장애인들을 위해 일하게 하는 것입니다.

지금까지 그래왔듯이, 이 두 가지 일도 잘되리라 믿어 의심치 않습니다.

성질 급한 '그'이니까요.

그가 믿는 건

모두가 함께 갈 수 있는

길은 분명히 있다는 사실

He says...

저는 남들이 욕심내지 않거나
잘 하지 않는 일에 먼저 시도해본 것뿐입니다.

그런 시도가 이런 나눔으로 이어지니,
기쁘기 그지없습니다.

『달리고 싶은 꿈을 꾸는 시각장애인들을 위해 축구장을 개조하고 우리나라 최초로 시각장애인 축구단을 이끈 '이창화' 히어로.
그와 함께 시각장애인 선수들을 돕고 싶다면 리틀 빅 히어로 홈페이지를 통해 '해피빈 모금함 기부하기'를 링크시키면 된다. 링크로 조성된 기금은 다산복지재단의 '송파시각장애인축구장'과 '송파인성장애인복지관' 후원금으로 사용할 예정이다.』

다산복지재단: http://www.dasan.org

10여 년 전 이건수 경위가 근무하던 경찰서의 민
실 문을 조심스레 두드린 그분 역시 이산가족이
습니다. 어린 시절 헤어진 어머니를 찾고 싶은데
자 힘으로는 도저히 방법이 없다며 경찰서
찾아 오셨답니다. 이건수 경위는 이름도 불분
한 그분의 어머니를 마침내 찾아 60년만의 해후
성사시켰습니다. 부둥켜안고 우는 그 모자
모습은 이후 이건수 경위의 인생에 또 다
길을 내게 합니다. 민원실 근무가 끝난 뒤에
헤어진 가족을 찾아달라는 이들의 염원을 거절
수가 없더랍니다. 근무 외 시간을 따로 내서 관
서류를 찾아보고, 찾는 이의 이름을 확보한 경
에는 전국의 동명이인들에게 편지를 보내고, 어
정도 가능성이 있는 곳이라면 그곳이 어
든 직접 달려가 확인하는 일까지 도맡게
습니다.

3700여 명에게 잃어버린 가족을 찾아주다

episode **04**

헤어진 가족을 찾아주는 경찰관 이건수

혹시, 이런 경찰 만나 보셨습니까?

하루에 한 번, 오늘은 언제 들어오는지
묻는 아내의 전화를 받습니다.
그전까지는 시간 가는 줄도 모르고 어떤 '일'에
몰두해 있기 때문입니다.

한반도 구석구석 가보지 않은 곳이 없습니다.
꼭 현장에 가야만 알 수 있는 정보가 있기 때문입니다.

10년 전부터 그가 쓴 편지는 7만여 통이 넘습니다.
그 편지들은 항상 '애타게 가족을 찾는 이가 있습니다'로 시작됩니다.

헤어진 가족을 다시 만나게 해주는 일에 푹 빠져 살아온 그는

대한민국의 경찰 이건수입니——다.

이산(離散)

아이를 키워본 엄마라면 한 번씩 겪어봄직한 일이 있습니다.

조금 전까지도 눈앞에 있던 아이가 단 몇 초 만에 시야를 벗어납니다. 그럴 때면 내장(內臟) 어딘가에서 물리적인 통증이 시작돼 아이를 다시 품에 안기 전까지 그 고통이 사라지지 않습니다. 그리고 이 일은 아이가 자라는 내내 집안 식구들에게 회자되곤 합니다. 결코 잊을 수 없는 경험이기 때문입니다.

몇 분 혹은 몇 시간 동안 벌어지는 일인데도 이리 벅찬데 가족을 잃고 평생을 산다는 것은 어떤 것인지, 도저히 가늠할 수가 없습니다.

나라 잃은 슬픔, 분단의 아픔, 전쟁의 참상 그리고 도저히 헤어날 수 없을 것만 같던 가난에 이르기까지 우리는 감당하기 어려운 일들을 참 많이도 치렀습니다.

얼마나 많은 이들이 '이산'의 아픔을 견뎌야 했는지 헤아리기조차 어렵습니다.

1980년대 초, 한국방송공사에서 고작 3시간 예정으로 시작했던 '이산가족찾기' 생방송이 4개월 넘게 방영됐던 역사를 굳이 꺼내지 않더라도 말입니다.

10여 년 전 이건수 경위가 근무하던 경찰서의 민원실 문을 조심스레 두드린 그분 역시 이산가족이었습니다.
어린 시절 헤어진 어머니를 찾고 싶은데 혼자 힘으로는 도저히 방법이 없다며 경찰서를 찾아오셨답니다.

"그분이 막 울면서 하는 말이 자기는 어머니가 너무 보고 싶어서 그동안 결혼도 안했대요. 어머니를 찾으면 나이가 환갑이지만 결혼도 하겠다더군요. 그리고 한 가지 소원이…

어머님이 해준 밥을 꼭 한 번 먹어보고 싶다고 하면서 막 그렇게 우시는 거예요."

어떻게든 그분에게 어머니의 따뜻한 밥 한 그릇을 드리고 싶어서였을 겁니다. 이건수 경위는 이름도 불분명한 그분의 어머니를 마침내 찾아 60년만의 해후를 성사시켰습니다. 부둥켜안고 우는 그 모자의 모습은 이후 이건수 경위의 인생에 또 다른 길을 내게 합니다.

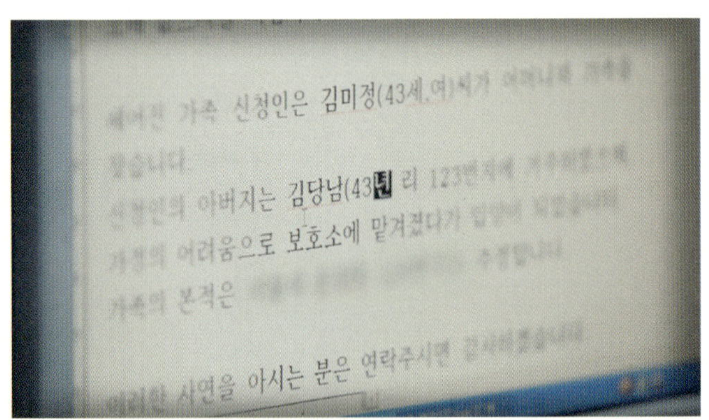

민원실 근무가 끝난 뒤에도 헤어진 가족을 찾아달라는 이들의 염원을 거절할 수가 없더랍니다.

근무 외 시간을 따로 내어 관련 서류를 찾아보고, 찾는 이의 이름을 확보한 경우에는 전국의 동명이인들에게 편지를 보내고, 어느 정도 가능성이 있는 곳이라면 그곳이 어디든 직접 달려가 확인하는 일까지 도맡게 됐습니다. 덕분에 밤 11시, 12시가 되면 이제 그만 집으로 돌아올 때가 됐다는 아내의 전화를 매일 받게 됐다는군요.

이렇게 해서 그가 지난 10여 년간 성사시킨 가족 재상봉은 3700여 건이 넘습니다.

이건수 경위는 이 업적을 인정받아 지난해 실종아동 업무를 전담하는 경찰청 실종아동찾기센터로 발령이 났고,

올해에는 세계에서 가장 많은
가족 상봉을 이뤄낸 기록을 인정받아
미국 월드레코드아카데미
세계 공식기록에 등재됐습니다.

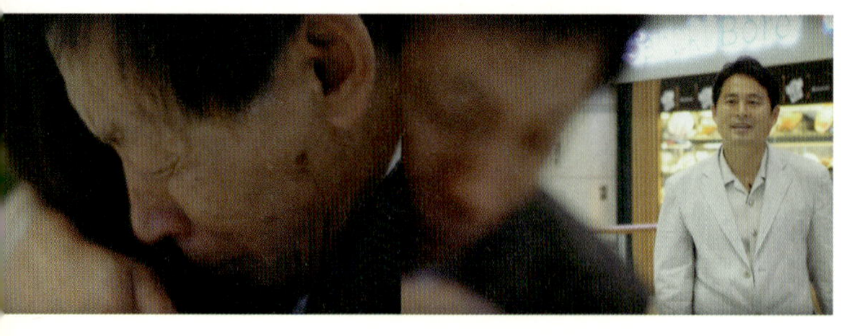

이산(離散)
다시 만날 수
있다는 희망

또 한 분의 어머니

"대한민국 경찰이 아범만 같으면 좋겠어요."

유난히 더운 2012년 여름이었습니다.

폭염이 기승을 부리던 어느 날,

이건수 경위가 '어머니' 댁을 찾았습니다.

손에는 '어머니' 드실 방울토마토와 복숭아가 들려 있었습니다.

이 염천에 '어머니'의 목에는 손수건이 매어져 있었습니다.

일 년에 몇 번 쓰지도 않는 선풍기 바람을 며칠 좀 쐤다고 덜컥 목감기가 걸리신 겁니다.

'어머니'는 날도 더운데 무겁게 뭐 이런 걸 사왔냐 타박이시지만, 이내 방울토마토와 복숭아를 말갛게 씻어 내오셨습니다.

두런두런 이야기를 나누는 이건수 경위와 '어머니'의 모습은 영락없는 모자지간입니다.

'어머니'가 이건수 경위를 만난 지도 벌써 10년이 다 돼 갑니다.

2003년 4월, '어머니'는 남양주 경찰서 민원실의 이건수 경위를 찾아갔습니다. 50여 년 전 두고 온 딸을 찾아달라는 사연 보따리를 풀어보니 '어머니'는 혈혈단신 이북에서 내려와서 결혼을 하고 딸을 낳았답니다. 딸이 여섯 살 되던 해, '어머니' 남편의 부정이 시작된 건 바로 그해였습니다. 갈등의 시간이 이어졌지만 끝날 기미는 보이지 않았습니다. 우여곡절 끝에 딸을 집에 두고 돌아섰습니다.

모두가 가난했던 시절, 아이를 데리고 일을 다닐 수는 없었습니다.

그리고 '어머니'는 쭉 혼자 살았습니다.

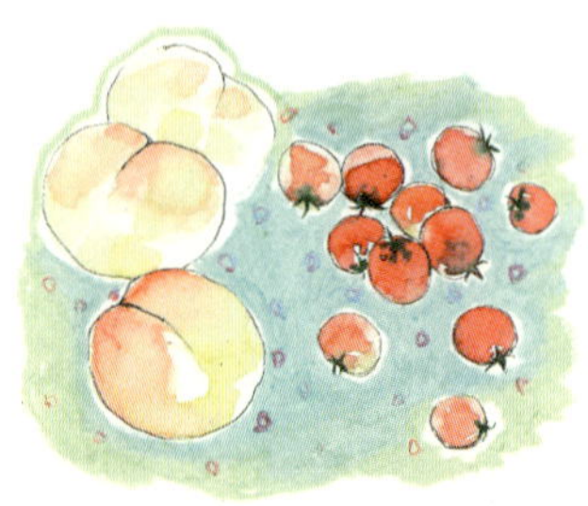

이건수 경위는 수소문 끝에 딸의 소재를 파악했지만, 어린 시절 버려졌다는 상처를 끝내 여미지 못한 딸은 '어머니'와의 만남을 거부했습니다. 그때부터 이건수 경위는 또 한 분의 '어머니'를 모시고 있습니다. 명절 때는 물론이고, 복 더위가 시작되거나 혹한이 닥치기 전이면 꼭 '어머니' 집에 들러 불편하신 건 없는지 챙깁니다.

폐지를 모아 생활하시는 '어머니'
'어머니'의 하루 벌이는 200원입니다.
그 돈을 모아서 전기세도 내고 수도세도 냅니다.

설렁탕이라도 한 그릇 사드시라며
용돈을 쥐어주는 이건수 경위에게
'어머니'가 말씀하십니다.

"아범한테는 너무 짐이 되지 않는가. 참 많은 생각을 하지. 내가 응. 내가 짐이 안 되려면 내가 아프지 않고 건강해야 된단 말이야. 건강에 많이 신경을 써."

이건수 경위는 '어머니'가 세상에서 유일하게 의지하는 '아범'입니다.

봉사하고
헌신하고
사랑을 줄 수 있다는 행복

He says...

가족끼리 헤어져서 살고 있는 그분들을 위해서

제가 봉사하고, 헌신하고 사랑을 줄 수 있다는 게 너무나도 행복하고 자랑스러워요.

만약에 제 형제나 부모 중 한 분과 떨어져 살았더라면 어땠을까? 하고 생각해보는데, 저라도 마찬가지였을 거예요. 못 할 것이 없었겠지요.

『헤어진 가족이 있는 분들의 마음을 어루만지고, 직접 가족을 찾아주기까지 하는 이 건수 히어로. 그의 발걸음에 동참하고 싶다면 경찰청실종아동찾기센터를 방문해보자.』

경찰청실종아동찾기센터: http://www.safe182.go.kr

그도 한때는 잘나가는 증권맨이었습니
특전사 장교로 군대를 다녀오고 명문대 졸업
가정이란 새 울타리까지 꾸몄습니다. 당시 증권
는 종합주가지수 1000을 돌파하고 연일 축포를
아 올려댔습니다. 거액의 보너스에 매일 술자리
이어졌습니다. 그런데 어느 새벽, 집으로 돌
오는 길에 뜨거운 눈물이 흐르더랍니다.
후 그의 삶은 달라졌습니다. 선망의 대상이던
장을 그만두고 시민단체 상근자가 됐습니다. 학
를 뛰쳐나온 아이들과 대안학교를 만들었습니
10여 년간 조금은 다른 선택을 한 아이들의 곁
지켜보며 살았습니다. 그리고 그의 눈에 가
게 너무 없는 탈북청소년들이 들어왔습니

목숨 걸고 국경을 넘어온 탈북청소년들의 자립을 돕다

episode 05

당당한 탈북청소년을 키우는 감성 선생님

박상영

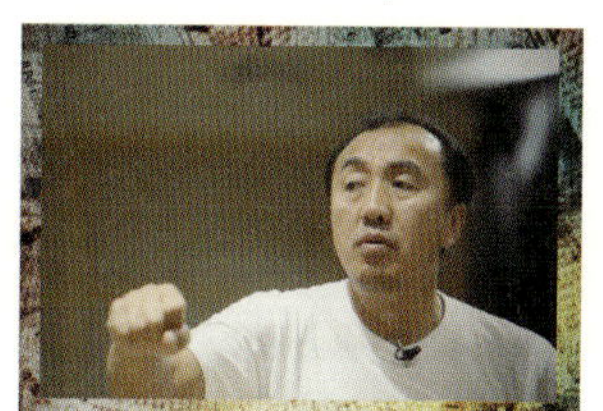

당신에게는…

이런 선생님을 만났던 기억이 있는지요?

- 가르치는 게 아니라 즐거워서 함께 놀아줍니다.
- 무슨 일이냐 묻지 않고 속내를 꺼낼 때까지 기다려줍니다.
- '공부 잘해라, 성공해라'가 아니라 '당당하게 너 자신을 찾으라'고 말해줍니다.

'나는 하품만 해도 눈물이 나는 사람'이라며

걸핏하면 눈시울을 붉히는 그는

탈북청소년 교육공동체 셋넷학교의

박상영 선생님입니――다.

셋넷학교

"탈북청소년들이 풍요로운 우리나라에 와서 굉장히 행복한 줄 알았는데 그렇지 않다는 사실을 알고 굉장히 충격을 받았어요.

낯선 곳에 혼자 던져졌을 때
누군가와 함께 있다는 사실 자체만으로도
도움이 되지 않을까요?"

'뚜벅뚜벅 당당하게, 사뿐사뿐 유연하게'를

소리 내 읽어 봅니다. 삶의 무게가 한결 가벼워지는 느낌입니다.

이렇게만 살 수 있다면 무엇을 하든, 어디에 있든 누구와 함께 살든 참 만족할 것 같습니다.

'뚜벅뚜벅 당당하게, 사뿐사뿐 유연하게'는 탈북청소년 교육공동체 셋넷학교의 교훈입니다.

대한민국을 선택한 탈북민들은 3개월간의 정착교육을 받는데, 그중 청소년들은 '하나둘학교'라는 곳에서 공부를 합니다. 북한과는 판이하게 다른 언어, 문화, 삶의 방식을 고작 3개월간 배워야 합니다. 그러고는 홀로 '정글'에 놓여집니다. 예민한 성장기의 청소년들이 손쉽게 적응하지 못하리라 쉽게 짐작이 갑니다. 부모 밑에서 관심과 사랑 속에 자라는 또래 청소년들도 성장통을 앓으며 버거운 경쟁 시스템을 헤쳐 나가느라 비명을 지르고 있는 게 우리의 현실이니까요.

"운동장 열 바퀴를 도는 경기에서 남들은 다섯 바퀴를 다 마쳤는데 '아직 안 늦었다', '할 수 있다'며 레이스를 시작하는 게 탈북청소년들이에요. 정말, 다섯 바퀴를 따라잡을 수 있을까요?"

셋넷학교는 탈북청소년들이 남한에서 당당하고 행복하게 살 수 있도록 디딤돌을 놓아주는 곳입니다.
현실적으로 요구되는 기본 학습(대입검정고시)은 물론이고, 긍정적인 정서 형성을 위한 상담 및 예술체험, 문제해결 능력을 키우기 위한 인문학 강의, 적성과 소질을 탐구하기 위한 현장체험 활동 그리고 자신을 사랑하게 되고 자기 안에 잠재된 능력을 소중하게 감싸 안을 수 있도록 돕는 노래극 만들기까지.

셋넷학교는 내가 원하는 바를 당당히 선택하고 결정할 줄 아는 자유인 그리고 스스로 삶의 주인이 되고, 누구나 삶의 주인임을 인정하는 공동체 소통능력을 가진 자치인을 키웁니다.

탈북청소년에게 꼭 필요한 교육이지만, 대한민국의 청소년들도 함께 배웠으면 싶습니다. 가르치기보다는 함께 배움을 나누는 학교임을 강조하는 이곳에서 박상영 선생님은 어디나 있는 말썽꾸러기들 때문에 지글지글 속을 끓이기도 하고, 사다놓은 아이스크림을 자기들끼리 다 먹었다며 벌컥 화를 내기도 하고,

놀랄 만큼 높은 성적의 검정고시 결과와 차곡차곡 쌓여 가는 아이들의 자격증 획득 소식에 눈물을 글썽이며 매일매일 아이들과 함께 '놀며 자라는' 중입니다.

강심장 사나이

"저도 노후가 두려워요. 하지만 나이 오십에 주식이나 집값 이야기만 나누는 친구들을 보니까, 사는 게 너무 초라하고 시시한 거 아닌가 싶더라고요."

대한민국에서 노후가 불안하지 않은 이들이 과연 얼마나 될까요?
더군다나 시민단체 활동으로 잔뼈가 굵은 50대 남자라면 말입니다.
셋넷학교 대장 박상영 선생님. 그도 한때는 잘나가는 증권맨이었습니다. 특전사 장교로 군대를 다녀오고 명문대 졸업 후, 가정이란 새 울타리까지 꾸몄습니다.
당시 증권가는 종합주가지수 1000을 돌파하고 연일 축포를 쏘아 올려댔습니다. 거액의 보너스에 매일 술자리가 이어졌습니다. 그런데 어느 새벽, 집으로 돌아오는 길에 뜨거운 눈물이 흐르더랍니다.

'내가 이렇게 살려고 16년간 공부하고 그 많은 책을 보며 고민한 건가?'

'한 번뿐인 인생, 이렇게 흥청망청 살아도 되나?'

이후 그의 삶은 달라졌습니다.

선망의 대상이던 직장을 그만두고 시민단체 상근자가 됐습니다.

학교를 뛰쳐나온 아이들과 대안학교를 만들었습니다.

10여 년간 조금은 다른 선택을 한 아이들의 꿈을 지켜보며 살았습니다.

그리고 그의 눈에 가진 게 너무 없는 탈북청소년들이 들어왔습니다. 철저한 반공교육 탓에, 북한 사람이라면 머리에 뿔이 달린 줄만 알았던 그가 지금은 누구보다 든든한 탈북청소년들의 지원자가 됐습니다.

그는 이렇게 말합니다.

"아이들과 함께 잘 놀았습니다."

그렇게 오십을 넘겼습니다. 남들이 노후 걱정을 하면, 그도 속으로 겁이 덜컥덜컥 났습니다.

'가진 것도 없는데 몸마저 성치 않으면 그땐 어떻게 살지?'

'난 지금 잘 살고 있는 건가?'

그런데 얼마 전부터는 그런 흔들림이 사라졌습니다.

이게 다 '친구들' 덕분입니다.

함께 대학을 나오고, 취업을 했던 친구들을 가끔 만나면

'너 같은 애가 있어서 우리 모임의 품격이 지켜진다'며 그를

추켜세워 주었습니다. 그런데 자리를 옮기고 술이 더 들어가면,

친구들은 주식, 아파트, 아이들 영어학원 이야기만 하더랍니다.

가만히 들어보니 10년 전에도 했던 이야기였습니다.

앞으로 10년 뒤에도 그리 달라질 것 같진 않았습니다.

그래서 박상영 선생님은 요즘도 박봉에 쪼들리며 삽니다.

300여 명의 후원자들이 내는 소액 기부금으로 학교 건물 임대료, 전기세, 수도세를 내고 선생님들과 월급을 나눕니다.
그나마 10여 년 뿌리를 내렸던 서울 학교를 접고 원주로 이사를 했습니다. 끊임없이 비교당하고 치열한 경쟁에 내몰릴 수밖에 없는 서울에서는 아이들이 행복해질 수 없다는 결론을 내렸기 때문입니다.

그에겐 돈으로 살 수 없는 기쁨 덩어리들이 옆에 있습니다.

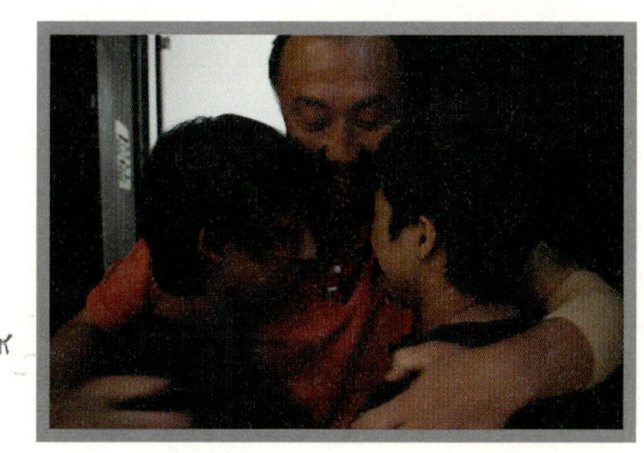

검정고시에 합격한 제자로부터 "태어나서 처음 행복하다는 느낌을 받았다"라는 고백을 받습니다. 대기업 인턴사원으로 취직한 제자는 "볼품없고 보잘 것 없는 제가 익을수록 향기나는 돌배가 되어 가고 있어요. 이게 다 선생님 덕분이에요"라며 고개 숙여 감사 인사를 합니다.

그래서 박상영 선생님은

노후에 대한 불안을 거두었습니다.

젊은 시절 포기한,

선택하지 않은 길에 대한

후회도 없습니다.

그는 이 시대 최고의 강심장입니——다.

누군가를

행복하게 만든다는

자부심

He says...

"언제까지 우리 중심적으로, 우리가 좋은 것만 받아들이고, 우리와 다르면 삼류 시민으로 취급할 수 있겠어요. 더불어 살려면, 우리가 먼저 용기 있게 우리의 편견을 인정하고 그걸 내려놓는 과정을 부단히 연습해야 될 것 같아요.

그러다보면,  셋넷학교
함께 같은 시대를 살아갈 수 있는
어떤 힘을 발견할 수 있을 거라고 봐요."

『새로운 삶을 찾아 목숨 걸고 국경을 넘어 온 탈북청소년을 돕는 박상영 히어로.
그와 함께 '같은 뿌리의 또 다른 가지'인 그들이 자립할 수 있도록 힘을 보태고 싶다면
셋넷학교 홈페이지를 방문해보자.』

셋넷학교: http://www.34school.net

한성익 원장은 만 원 수술을 합니다. 안
장애로 얼굴뿐 아니라 마음까지 다친 이들, 그
나 도저히 감당할 수 없는 수술비 탓에 병원 문
조차 넘기 어려운 환자라면 최소한 사회생
이 가능하게끔 만들어 주는 것이 의사의
리라 여기기 때문입니다. 처음에는 만 원은커
십 원도 받지 않았습니다. 그런데 첫 수술을 받
나서 연락을 끊는 환자들이 하나둘 늘더랍니다.
면 성형 수술은 한 번으로 끝나는 경우가 드문
다가 수술 이후 꼭 받아야 할 사후 치료도 만만
않은데, 이런 환자들이 자꾸 생기는 것이 마음
걸렸습니다. 언젠가 하루는 환자에게 전화를 걸
왜 병원에 오지 않느냐고 물었더니, 그 환자가
렇게 말했답니다. "수술을 공짜로 받은 것만
미안하고 부끄러운데, 자꾸 발걸음 할 염
가 없네요."

마음의 문까지 닫아버린
안면장애인들에게 '만 원 수술'을 하다

episode 06

미소를 선물하는 의사 한성익

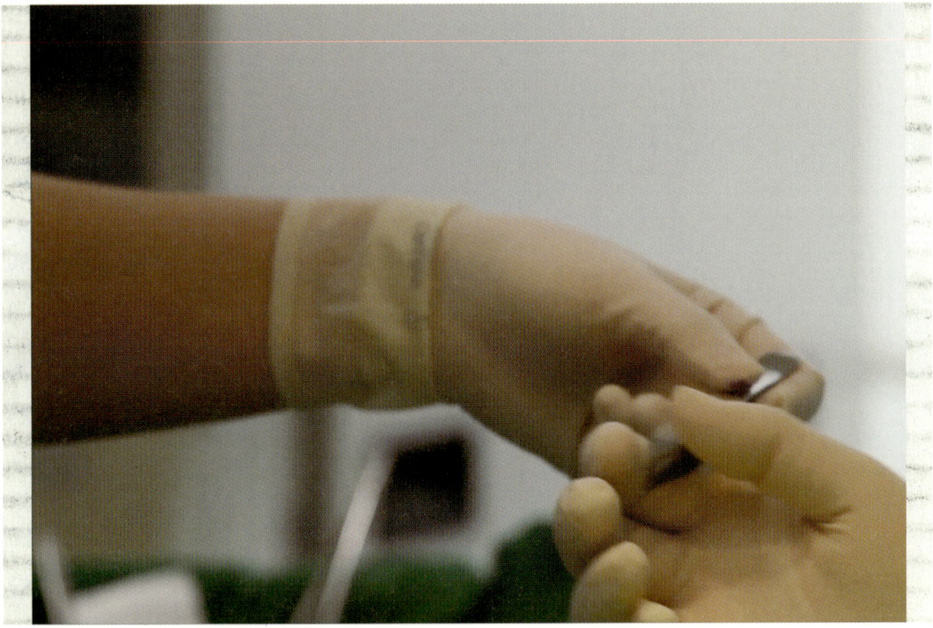

이런 의사가 있습니다.

그는 대학만 11년을 다녔습니다.
독일에서 '안면장애' 공부를 하려면 치과와 의과대학 졸업장
모두가 필요하기 때문입니다.

어려운 형편의 환자에게는 단돈 만 원만 받고 수술을 합니다.
11년의 공부와 7년의 수련의 생활로 쌓아 온 의술이
너무 아까워서입니다.

굳이 만 원을 받는 이유는
환자들이 미안해할까봐, 입니다.

그는
'만 원 수술'로 안면장애 환자들과 함께 웃음 짓는
의사 한성익입니다——다.

천생(天生) 의사 한성익

"전 수술이 정말 좋아요. 끝나고 보면 열서너 시간이 지났다는데, 시간이 그렇게 가는 줄도 몰랐다니까요."

한성익 원장은 의사가 된 것을 힘들어한 적은 있어도 후회해본 적은 없다는 천생 의사입니다.

술 한 잔만 마셔도 두드러기가 나는데다가 조직생활에도 자신이 없으니 자신이 의사가 안 됐으면 뭘 해 먹고 살았을까 싶답니다.

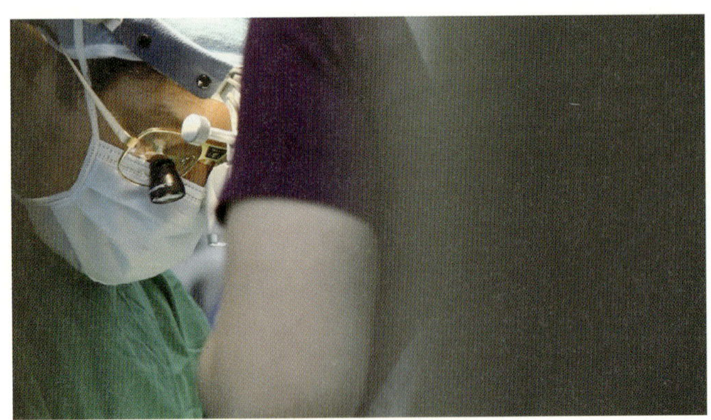

남부럽지 않은 가정에서 태어나 남들은 한 번 가기도 힘들다는 치과 대학에 의과대학까지, 대학에서만 11년을 공부했습니다.
안면성형 분야에서는 세계 최고인 독일로 유학도 다녀왔습니다.
다시 한국으로 돌아왔을 때 그의 나이 서른여덟.
쟁쟁한 종합병원을 거치며 의사로서의 명성을 쌓아나갔습니다.

그냥 그 길로 그렇게 가도
부족함이 없는 삶이었습니다.

선생님들이
돈 벌라고
가르쳐준
의술이 아니에요

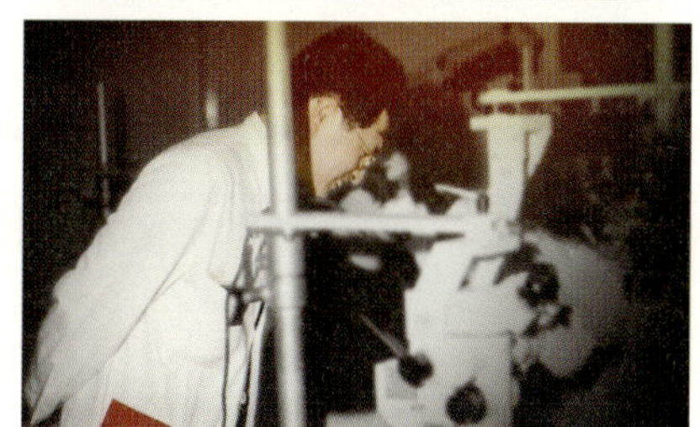

그런 그가 어려운 형편의 환자들을 만나 '만 원 수술'을 감행할 수 있었던 건 그의 전공인 '안면성형'과 밀접한 관련이 있습니다.

그가 대략적으로 추정하는 국내 '안면장애' 환자의 수는 대한민국 인구의 0.1% 수준인 50만 명입니다.

설마 그렇게 많을까? 싶지만, 안면장애 환자들을 쉽게 접할 수 없는 이유는 그들이 외부에 자신을 드러내지 않기 때문입니다.

얼굴에 점만 생겨도 피부과나 성형외과를 찾아서 시술을 하는 요즘, 안면장애 환자들은 아예 바깥세상으로 나올 엄두를 내지 못합니다.

선천적 기형 환자도 있지만 요즘은 화재 등의 사고, 질병으로 인한 후천적 장애를 입은 분들이 더 많습니다.

목포에 사시는 할머니 한 분의 사연을 소개합니다.

안면장애로 평생을사신 분인데,

한성익 원장에게 편지 한 통을 보내왔습니다.

형제, 부모보다 고맙소잉

부부 싸움 끝에 애덜 아부지가 내 얼굴 삐뚤어진 거 들먹이면
속에서 엄청 뜨거운 게 올라와 날 삼켜버렸소.

사진 찍는 것이 끔찍이도 싫었소.
삐뚤어진 얼굴로 평생 남을 것인데
다른 건 다 마다했는디, 자식들 결혼시킬 때
사진 찍으러 나가는 길이 오매… 천리만리는 되는 것같이 힘들었소.

근디… 지금은 내 방에 거울을 다 걸어놨소.
가끔 루주도 바르는구먼

선상님이 내 얼굴을 고쳐주셨소.
날 살게 해줬소.
이깟 홍어 매일이라도 보내주고 싶소.
선상님. 이 은혜 나 죽어도 못 잊소.
진짜 복 받으실 거요.

안면장애로 평생을 고통받다가 한성익 원장의 도움으로 제 얼굴을 찾은 할머니. 그녀는 매년 추석만 되면 홍어를 제일 '좋은 놈'으로다가 선물로 보냅니다. 할머니는 그래야 마음이 편하신가 봅니다.

"수술이 잘되면 환자들이 그러죠.
평생 소원을 이뤘다고 매우 감사하다고...

제가 더 고맙죠.
저는 그냥 제가 할 수 있는 일을 한 것뿐인데,
정말 고마워하시니까요"

‘만 원 수술’을 개발한 의사

한성익 원장은 만 원 수술을 합니다.

안면장애로 얼굴뿐 아니라 마음까지 다친 이들, 그러나 도저히 감당할 수 없는 수술비 탓에 병원 문턱조차 넘기 어려운 환자라면 최소한 사회생활이 가능하게끔 만들어 주는 것이 의사의 도리라 여기기 때문입니다. 처음에는 만 원은커녕 십 원도 받지 않았습니다. 그런데 첫 수술을 받고 나서 연락을 끊는 환자들이 하나둘 늘더랍니다. 안면성형 수술은 한 번으로 끝나는 경우가 드문데다가 수술 이후 꼭 받아야 할 사후 치료도 만만치 않은데, 이런 환자들이 자꾸 생기는 것이 마음에 걸렸습니다. 언젠가 하루는 환자에게 전화를 걸어 왜 병원에 오지 않느냐고 물었더니, 그 환자가 이렇게 말했답니다.

“수술을 공짜로 받은 것만도 미안하고 부끄러운데, 자꾸 발걸음 할 염치가 없네요.”

환자의 대답이 한성익 원장의 가슴을 쳤습니다.

'공짜' 또는 '선심'이 어쩌면
이 사람들의 마음에 더 큰 부담을
줄 수도 있다는 걸 헤아리지
못했기 때문입니다.

이후 그는 환자들에게 만 원을 받고 수술합니다. 천 원은 너무 장난스럽고 십만 원은 다소 부담스러운 금액이 될 수도 있겠다 싶어서 내린 결정이랍니다.

아름다운 그녀의 첫 월급

한성익 원장이 '아름다운 그녀'로 기억하는 환자 또한 첫 수술만 받고 연락이 되지 않은 환자 중 하나였습니다. 그녀는 화재사고로 얼굴 전체와 상반신이 불에 녹는 참화를 겪었습니다.

입술이 없어져서 음식물을 넘기지 못할 정도의 중화상이었습니다.

한 번은 식당에 갔는데, 주인이 앞을 막아서며 발도 들이지 못하게 하더랍니다. 그녀는 사람들의 시선을 피해, 산속으로 숨어들 수밖에 없었습니다. 우연히 한성익 원장과 만나, 사고 전의 얼굴과는 다른 모습이지만 눈, 코, 입을 찾았습니다. 고개를 들지 않고도 물을 마시게 됐습니다. 그런데 6개월이 지나도록 '그녀'가 오질 않았습니다.

그러던 어느 날, '그녀'가 한성익 원장을 다시 찾았습니다.

70만 원이 담긴 흰 봉투를 들고 말이지요.

1차 수술을 마치고 간신히 사람들 앞에 설 수 있게 된 '그녀'가

호스피스 병동에서 환자 수발을 하는 일자리를 얻었답니다.

70만 원은 '그녀'의 첫 월급이었습니다.

한사코 사양하는 한성익 원장에게 '그녀'가 말했습니다.

"기어이 안 받으시겠다면, 저처럼 고통 받는 사람들 수술비에 보태주세요."

이후 한성익 원장은 '만 원 수술'을 받는 환자들에게 한 가지 약속을 받고 있습니다.

수술이 잘돼서 사회로 나가 일자리를 갖게 되면, 언제가 됐든 자신처럼 아픔을 겪는 이들에게 도움을 주겠다고…

'아름다운 그녀'가 그랬던 것처럼 말이지요. 한성익 원장은 말합니다. 자신을 의사로 만든 건, 훌륭한 의술과 인격을 갖춘 은사들이지만 자신을 성장시킨 건, '아름다운 그녀'와 같은 환자들이었다고요.

그분들에게 작은 도움이나마 줄 수 있고,

그 도움이 또 다른 도움들로 번져나갈 것을 믿는다고 말입니다.

그 믿음이 바로, 대한민국에서 가장 화려한 거리, 청담동 자락에서 그가 오늘도 '만 원 수술' 환자를 만나는 이유입니다.

도움이

또 다른 도움으로

번질 것이라는 믿음

사람의 마음을

어루만지는

만 원 수술의 힘

He says...

독일의 선생님들이 저 돈 많이 벌라고 의술을 가르쳐주신 게 아니라고 생각해요. 의사는요, 장사꾼이 아니에요. 돈을 벌기 위해서 의사가 되는 건 잘못된 거예요. 왜냐면 생명을 만지고 있잖아요.

돈하고 생명하고 바꿀 수는 없어요.

그거 다 알잖아요.

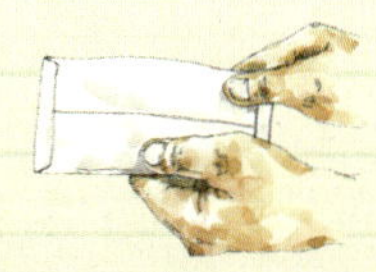

『사람들의 시선을 피해 마음의 문을 닫아버린 안면장애인들.
이들에게 만 원으로 눈부신 빛을 선사하는 한성익 히어로.
그와 함께 안면징애 환자들에게 관심을 갖고 작은 나눔을 실천하고 싶다면...』

한성익의원 안면윤곽클리닉: http://www.facehan.com

한국의 빌게이츠가 되겠다는 야망을 품고 홍콩
서 열린 〈아시아대학생 창업교류전〉에 참석한
이 2008년! 아직 대학생이었고, 남들처럼 '스펙
기에 바쁜 시절이었습니다. '어떻게 하면 성공
수 있을까?'라는 물음표가 늘 그의 머릿
에서 떠나지 않았습니다. 그런데 홍콩에서
난 베이징대학의 한 학생이 그에게 이런 말을 핫
니다. "나의 꿈은 세상을 변화시키는 것이다. 중
의 15억 인구 중에서 1억 미만의 사람들은
전히 가난하고 힘들고 어렵게 살고 있다.
는 베이징대학을 졸업하고 나서 그 지역에 들어
그 사람들과 같이 일하면서 그 지역을 변화시키
가장 가난한 사람들과 함께 중국을 변화
키겠다." 중국의 한 대학생이 품은 꿈을 듣고,
국의 이 대학생은 몹시 부끄러웠답니다.

정신장애인들이 새 삶을 살 수 있도록
정신장애 바리스타 카페 '히즈빈스'를 만들다

episode 07

정신장애인과 향기를 만드는 청년 임정택

지금도 믿고 계십니까?

뜻이 있는 곳에 길이 있다는,
열심히 하면 이룰 수 있다는,
꿈꾸는 자에게 희망이 있다는,

그런 지극히 평범하지만 믿기 어려운 사실을요.

여기, 스물넷에 뜻을 세우고
자신의 뜻을 펼칠 터전을 만들어
새로운 꿈을 꾸는 이들과 함께
희망을 일구는 젊은이가 있습니다.

소외된 정신장애인들과
향기로운 기회를 만들어 나가는 청년,
임정택입니———다.

'지금 이 순간'이 행복한 사람은 평생이 행복한 사람입니다.

이 단순한 사실을 곱씹어보기까지 숱한
이들이 참으로 많은 시행착오를 겪습니다.
그런데 어떤 이들은 남보다 조금 빨리 행복에 눈을 뜨기도 합니다.

청년, 임정택 씨가 그랬습니다.

한국의 빌게이츠가 되겠다는 야망을 품고 홍콩에서 열린 〈아시아대학생 창업교류전〉에 참석한 것이 2008년! 아직 대학생이었고, 남들처럼 '스펙' 쌓기에 바쁜 시절이었습니다.

'어떻게 하면 성공할 수 있을까?'라는 물음표가 늘 그의 머릿속에서 떠나지 않았습니다.

그런데 홍콩에서 만난 베이징대학의 한 학생이 그에게 이런 말을 했답니다. "나의 꿈은 세상을 변화시키는 것이다. 중국의 15억 인구 중에서 1억 미만의 사람들은 여전히 가난하고 힘들고 어렵게 살고 있다. 나는 베이징대학을 졸업하고 나서 그 지역에 들어가 그 사람들과 같이 일하면서 그 지역을 변화시키고 가장 가난한 사람들과 함께 중국을 변화시키겠다."

중국의 한 대학생이 품은 꿈을 듣고, 한국의 이 대학생은 몹시 부끄러웠답니다. 이제까지 제 한몸 잘 살아보자는 생각만 했지, 다른 사람들에게 뭘 해줄 수 있을까, 라는 고민을 해본 적이 없다는 깨달음 때문이었습니다. 그에게는 인생을 바꾸는 결정적인 순간이었습니다.

'결정적인 순간' 그 이후 너무나 자연스럽게 많은 일들이 진행되었습니다. 한국에 다시 돌아와 가장 낮은 곳에 있는 이들을 만났고, 그들과 함께할 수 있는 일을 찾았으며, 주변의 더 많은 이들에게 지원과 도움을 요청했습니다.

그 결과, 정신장애인들과 함께하는 카페를 5호점까지 개설했습니다.

새터민들과 함께하는 떡 유통업체도 만들었습니다.

스물넷 청년에게 벼락처럼 다가온
'결정적인 순간'이 맺은 결실입니다.

감히 혼자서는 할 수 없는 일이었다고 그는 고백합니다. 단지 씨를 뿌렸을 뿐이랍니다. 물을 주고 흙을 덮어주며 가지를 내고 열매를 맺게 해준 숱한 이들과 함께하고 있기에 그는 행복하답니다.

"카페에 들어서면 바리스타 선생님들이 저를 안아주세요. 어린 시절 울다가 엄마 품에 안겼을 때처럼 스트레스가 확 풀려요. 그 힘으로 다시 움직일 수 있는 것 같아요."

현명하고도 아름다운 청년, 임정택 씨의 나이는 올해 서른입니다. 그의 나이를 부러워하는 이들이 많다면, 단지 그가 젊기 때문만은 아닐 겁니다.

노총각, 청혼을 하다

"세상에 많은 장애 분류가 있는데 그중에서 가장 취업하기가 힘들고 보험 적용도 안 되는 장애가 정신장애입니다."

젊은 대표 '청년 임정택' 주변에는 그가 '선생님'이라 부르는 이들이 참 많습니다. '히즈빈스' 개설에 도움을 주신 지도교수님들은 물론이거니와 그가 채용한 바리스타 모두가 그의 선생님입니다.

그중에는 '정신장애'로 인해 혼기를 놓친 노총각이 한 분 계셨는데, 이전에는 꿈조차 꿀 수 없었던 사랑을 시작하게 됐습니다. 20대부터 겪은 정신장애로 그분은 여러 차례 입사와 퇴사를 반복했습니다. 일의 강도가 너무 세서 감당하기에는 어려움이 많았습니다.

동료들로부터 받는 은근한 따돌림도 괴로웠지만, 나만 빼고 다들 시

집 장가가서 아들딸 낳고 알콩달콩 사는 것만 같아서 외롭고 서러웠답니다.

그런 그가 '히즈빈스'에 취업하고 바리스타로 만 3년을 지낸 뒤 결혼하고 싶은 여인을 만났습니다. 물론 새 둥지를 꾸릴 만큼 안정적인 생활도 뒷받침되고 있습니다. 난생 처음으로 살림살이를 장만하고, 신부와 함께 살 집을 구하러 다닙니다.
아! 그 전에 신부에게 결혼 약속을 받아야겠지요.

임정택 대표의 조언에 따라 조촐하지만 진심 어린 '청혼식'을 거행하기로 했습니다.

떨리는 목소리로 그가 편지를 낭독합니다.

"사랑하는 소연(가명)씨. 오늘 이렇게 함께 해주셔서 감사합니다.
저와 같이 남은 인생을 함께 가시지 않겠습니까?
이렇게 이 자리에서 당신께 청혼합니다.
저와 결혼해주세요. 한평생 행복하게 삽시다."

마흔셋 노총각이 수차례 썼다 지우고 완성시킨
청혼 글귀를 떨리는 목소리로 낭독합니다.
함박웃음 대신 눈물콧물 범벅된 얼굴이지만,
신부는 누구라도 알아볼 수 있을 만큼 크게
고개를 끄덕였습니다.

이게 다 '히즈빈스' 카페가 만든 기적임을
박수치며 환호하는 청혼식 관객들은
모두 알고 있습니다.

He says...

제가 생각해도 정말 놀라워요. 제가 한 건 별로 없는데 '선생님들' 한 분 한 분이 정말 변하는 거예요. 그래서 저는 이 일을 멈출 수가 없어요.
포항에서 시작한 일이지만, 경상도를 넘어서 대한민국 전역으로, 전 세계로 넓히고 싶어요. 그곳이 어디든 장애인이 있는 곳이라면 그곳을 장애인이 주인이 될 수 있는 카페로 만들겠다는 비전을 품고 있어요.

서른 살 이 청년 사장은
그 비전을 직원들과 공유하면서
하나하나 준비해나가고 있습니다.

『정신장애인들이 우리 사회에서 자리 잡고, 새 삶을 살 수 있도록 도와주는 '히즈빈스'의 임정택 히어로. 그와 함께 정신장애인에게 관심을 가지고 그들의 일자리 창출에 기여하고 싶다면 리틀 빅 히어로 홈페이지를 통해 '해피 빈 모금함 기부하기'를 링크시키면 된다. 링크로 조성된 기금은 정신장애인 사회복귀시설 '브솔시냇가'의 후원금으로 사용될 예정이다.』

브솔시냇가: http://town.cyworld.com/besorravine
향기내는 사람들: http://www.hisbeans.co.kr

밀가루 대리점을 운영하는 김혁 씨는 거래처인
두피 공장에 갔다가 버려지는 만두피 자투리를
게 됐습니다. 웬일인지 시간이 지나도 그 자투리
머릿속에서 떠나질 않았습니다. 멀쩡한 건
얼마든지 먹을 수 있는 건데… 만약, 당신이라
그 자투리로 무얼 하시겠어요? 수제비를 해
어도 좋고, 아이가 있다면 밀가루 반죽 놀잇감으
도 그만이겠지요. 하지만 김혁 씨의 선택은 그
투리로 칼국수를 만들어, 필요한 이들에게 나누
는 것이었습니다. 만두피 공장 두 곳에서 적게
200명, 많게는 1500명 분량의 만두피 자투리
받을 수 있었습니다. 일단 국수를 뽑는 기계를
습니다. 뽑아낸 칼국수는 인근 임대아파트를 돌
나눴습니다. 나중에는 지역 복지관과도 연결이
습니다. 김혁 씨의 달력에는 칼국수를 나
는 날을 의미하는 빨간 동그라미가 빼곡
차기 시작했습니다.

버려지는 만두피 자투리로
국수를 만들어 소외계층과 나누다

episode 08

아름다운 국수를 나누는 사장 김혁

알고 계십니까?

눈앞에 숱하게 많은 이미지가 펼쳐졌을 때,

사람은 결국 보고 싶은 것만 본다는 것을….

만약, 당신이라면…

버려지는 만두피 자투리에 시선이 갔을까요?

그 자투리로 무엇을 할까 고민하셨을까요?

여기, 남들 눈에는 잘 보이지 않던 만두피 자투리로

값진 선물을 만들어온 이가 있습니다.

화수분처럼 국수를 뽑아내는

국수가게 주인, 김혁입니——다.

국수… 하면 뭐가 떠오르시나요?

1970년대까지만 하더라도 어느 동네에나 국수집 하나쯤은 꼭 있었지요. 볕 좋고 바람 부는 날이면 하얀 실처럼 길고도 가느다란 소면들이 꾸덕꾸덕 제 몸을 말리던 시절이 있었습니다.
그때나 지금이나 비교적 싼 값으로 배를 채울 수 있어서, 국수는 누구에게나 친근한 먹거리입니다.

그러나 조선시대까지만 하더라도 국수는 잔치 때나 맛볼 수 있는 귀한 음식이었습니다.

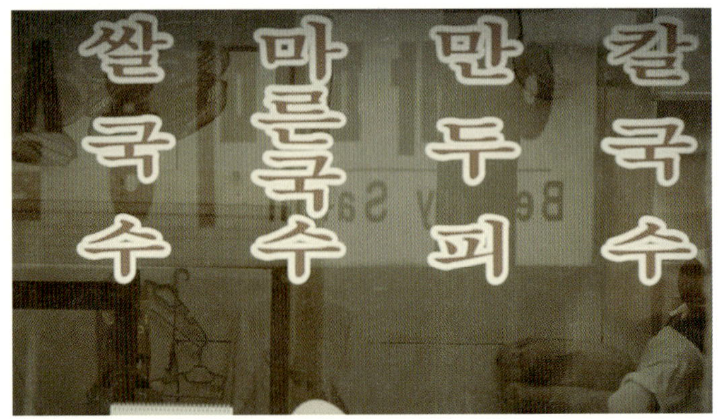

아기가 태어나 첫돌을 맞았을 때는 오복(五福)을 비는 의미로, 혼례 때는 여러 가닥의 국수 가락이 잘 어울리고 늘어나는 것처럼 부부의 금슬 또한 그리되라고 잔칫상 위에 국수를 올렸습니다. 장수를 기원하며 회갑상에 올렸던 국수 또한 빼놓을 수 없을 것입니다.

이 귀한 음식,
좋은 의미만큼이나 아름다운 사연을
간직한 국수는 지금도
우리 곁에 존재합니다.

"만두피가 동그랗잖아요. 동그란 걸 찍어내고 남는 자투리를 버리는데, 요즘에는 쓰레기도 돈 주고 버려야 되잖아요. 너무 아깝더라고요.

저걸 활용할 수 있는 방법이 없을까 생각해보게 됐어요."

밀가루 대리점을 운영하는 김혁 씨는 거래처인 만두피 공장에 갔다가 버려지는 만두피 자투리를 보게 됐습니다. 웬일인지 시간이 지나도 그 자투리가 머릿속에서 떠나질 않았습니다. 멀쩡한 건데… 얼마든지 먹을 수 있는 건데… 하면서 말이지요.

만약, 당신이라면 그 자투리로 무얼 하시겠어요?

수제비를 해 먹어도 좋고, 아이가 있다면 밀가루 반죽 놀잇감으로도 그만이겠지요.

하지만 김혁 씨의 선택은 그 자투리로 칼국수를 만들어, 필요한 이들에게 나눠주는 것이었습니다.

만두피 공장 두 곳에서 적게는 200명, 많게는 1500명 분량의 만두피 자투리를 받을 수 있었습니다. 일단 국수를 뽑는 기계를 샀습니다. 뽑아낸 칼국수는 인근 임대아파트를 돌며 나눴습니다. 나중에는 지역 복지관과도 연결이 됐습니다.

김혁 씨의 달력에는 칼국수를
나누는 날을 의미하는 빨간 동그라미가
빼곡히 차기 시작했습니다.

일은 점점 더 커졌습니다. 김혁 씨와 함께 칼국수를 뽑고, 1인분씩 포장해서 나누는 일을 돕던 분들이 급기야 '독립'을 하게 되는 경우도 생겼습니다. 헤아려보니 여덟 분이나 된답니다.

지난 10년간 김혁 씨는 그를 돕는 500여 명의 자원봉사자들과 함께 끊임없이 칼국수를 뽑아왔습니다.

그가 걸어온 길을 감히 '국수 대장정'이라
불러도 손색이 없을 듯 합니다.

500여 명의 자원봉사자들과

함께한 국수 대장정

이 아름다운 욕심

“칼국수 1500명 분을 만들려면 아침부터 밤까지 온종일 뽑아야 돼요. 당연히 일손이 부족했죠. 그런데 참 신기한 게 모자라면 꼭 채워지더라고요. 재료비도 마찬가지였어요. 이런 게 기적 아닐까요?”

3년 전부터는 아예 국수집을 차려 여기서 나오는 수익금으로 국수나눔을 지속해오고 있는 김혁 씨. 동네 어디서든 볼 수 있는 소박한 국수집은 개업 이래 늘 흑자라고 합니다. 비결은 인건비에 들어가는 돈이 제로에 가깝기 때문이라네요. 무인점포냐고요? 무슨 말씀. 오전 10시 반부터 저녁 7시 반까지 쫄깃하게 국수를 삶아 먹음직스럽게 담아내고 정겨운 얼굴로 손님을 맞아주시며 온갖 뒷설거지에 김치 담그는 일까지 도맡아주시는 종업원들이 엄연히 존재합니다.

단지, 그분들은 임금을 받지않을 뿐입니다.

세상 사람들은 그분들을 '자원봉사자'라고 부릅니다. 덕분에 이 집 국수 맛은 매일 조금씩 달라지긴 합니다. 국수 말아주시는 분들이 바뀌면 그 손맛도 미세하게나마 달라질 수밖에요.

그분들은 대부분 손자까지 본 60대 이상의 할머니들입니다.

나이가 많다고 해서 문제가 될 것은 없습니다.
오히려 칼국수를 뽑는 일이며, 국수의 맛을 내는 일까지
할머니들이 수십 년 이상 해오던 것인지라,

일과 사람의 궁합이 이렇게 잘 맞기도 드무니까요.

물론 각자의 살림 노하우가 충돌(?)하는 경우도 생겨, 김혁 씨를 좌불안석에 빠뜨리는 일도 벌어집니다만 또 언제 그랬냐는 듯, 그분들의 눈과 입과 손은 바쁘게 움직입니다. 그럴 수밖에 없는 것이, 국수를 기다리는 사람들이 언제나 줄을 서 있기 때문이지요.
김혁 씨를 둘러싸고 있는 이들이 죄다 여성이다보니 50대 초반의 김혁 씨는 본의 아니게 '청일점'이 되고 말았습니다.

무거운 칼국수 기계를 옮기고, 행사 현장의 천막을 치고 걷는 일까지 힘 쓰는 일은 오로지 '청일점'인 김혁 씨의 몫입니다.

그런 일을 골다공증에 관절염에 디스크 증상까지 망라하고 있는 할머니 자원봉사자들에게 차마 도와 달라는 말을 꺼내기가 어려운 형편이기 때문입니다.

혼자 궂은일을 도맡아 하면서도, 김혁 씨는 칼국수 뽑는 기계 하나로 시작된 국수나눔이 10년째 끊기지 않고 지속될 수 있었던 것은 자원봉사에 나서주신 할머니들이 있었기에 가능한 일이었다고 말합니다.

그러나 지금 이 시점에서 누군가 소원을 말해보라 한다면, 자신보다 '젊은' 남자 자원봉사자들이 몇 명이라도 더 있었으면 하는 겁니다.

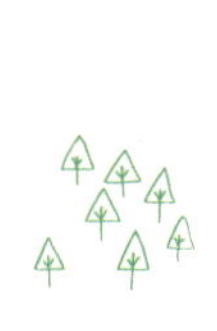

그래서 부대째 밀가루도 척척 옮기고 바람 부는 날에도 흔들림 없이 천막을 칠 수 있었으면 좋겠답니다. 그럴 수만 있다면 '청일점'으로 누리는 혜택을 언제라도 양보할 수 있다고 하네요.

이런 그를 복에 겨워 투정 부리는 '젊은 청일점'으로 치부하긴 어려울 듯합니다.

김혁 씨의 아름다운 '욕심'이
꼭 채워졌으면 좋겠습니다.

He says...

돈이 많아 시작한 일이 아닙니다.
하루에 200명만 잡아도 일 년이면 70,000명이 넘는 사람이 국수를 먹을 수 있습니다. 이 많은 사람들에게 국수를 대접하다보니 제 기분이 좋습니다.

좋은 일을 하다보니,
좋은 사람들을 만나고
좋은 사람들과 일하다보니
좋은 생각을 하게 되었습니다.
저는 이런 일들이 다 기적이라고 생각합니다.

『국수집에서 생긴 수익금으로 여전히 칼국수를 만들어 취약계층과 복지시설 소외계층, 장애인들에게 나눠주는 김혁 히어로.
그의 '뜨끈한' 나눔에 동참하고 싶다면, 사회적 기업으로 운영되고 있는 '아름다운 국수가게'(서울 강북구 수유동 위치)를 방문해서 맛있는 국수 한 그릇을 비우면 된다.』

아름다운국수가게: http://cafe.daum.net/googsu

노숙인들과의 인연을 묻는 질문에 이주연 목사 어느 날 그분들이 찾아와 만나게 됐다고 합니다. 그도 그럴 것이 이목사의 교회는 노숙인들이 많이 모이는 서울역과 가까운 만리재에 위치해 있습니다. 냄새도 나고 인상도 편치 않은 분이 예닐곱 분이나 한꺼번에 들이닥친 탓에 처음에는 이 목사와 교인들 모두 당황스러웠답니다. 그러나 찾아온 손님을, 더군다나 어려운 이웃을 교회에서 외면할 수는 없었기에 정성껏 대접을 하게 되었습니다. 단, 차려 놓은 음식을 배급하듯 나눠 주는 것이 아니라, 스스로 먹을 수 있도록 잼이며, 빵 같은 것들을 따로 챙겨 두었습니다. 예닐곱 명으로 시작된 첫 만남은 어느새 이십 명으로 늘어났습니다. 심지어 '신종플루'가 유행하던 때에도 이 목사와 교인들은 교회 문을 닫지 않았습니다.

농사로 자립할 수 있도록
노숙인들과 함께 '사랑의 농장'을 운영하다

episode 09

노숙인의 자립을 이끄는 목사 이주연

사랑은 첫 눈에
이루어지는 걸까요?

여기…

사랑은 끝까지 바라보고

끝까지 믿어주고

끝까지 책임지는 것임을

깨닫게 해준 분이 있습니다.

노숙인들의 길동무이자 자립을 이끄는
목사, 이주연입니——다.

"어느 날, 노숙인들이 저희 교회를 찾아오게 돼서
그분들을 만나게 됐죠."

드라마에서나 나올 법한, 사랑을 하는 이들에게
첫 만남이 어땠냐고 물으면 흔히 듣게 되는 대답입니다.

"어느 날, 거짓말처럼,
그냥 저 사람이 나에게 왔어요."

노숙인들과의 인연을 묻는 질문에 이주연 목사 역시 어느 날 그분들이 찾아와 만나게 됐다고 말합니다.

그도 그럴 것이 이 목사의 교회는 노숙인들이 많이 모이는 서울역과 가까운 만리재에 자리하고 있습니다. 냄새도 나고 인상도 편치 않은 분들이 예닐곱 분이나 한꺼번에 들이닥친 탓에 처음에는 이 목사와 교인들 모두 당황스러웠답니다. 그러나 찾아온 손님을, 더군다나 어려운 이웃을 교회에서 외면할 수는 없었기에 정성껏 대접을 하게 되었습니다. 단, 차려놓은 음식을 배급하듯 나눠주는 것이 아니라, 스스로 먹을 수 있도록 잼이며, 빵 같은 것들을 따로 챙겨두었답니다.

예닐곱 명으로 시작된 첫 만남은 어느새 이삼십 명으로 늘어났습니다.

심지어 '신종플루'가 유행하던 때에도 이 목사와 교인들은 교회 문을 닫지 않았습니다. 교회가 세들어 있던 상가에서 민원이 끊이지 않았지만, 스스로 환경 미화에 나선 노숙인들 덕분에 가까스로 위기를 넘겼습니다.

"성경에 선한 사마리아 사람 이야기가 나와요. 강도를 만난 사람이 길 바닥에 나동그라져 있는데 모두가 그냥 지나치죠. 심지어 제사장들도요. 그 사람을 돌봐준 건 사람 취급도 못 받고 차별과 편견 속에 있던 사마리아 사람이었어요. 저와 저희 교인들이 제사장 같은 사람이 될 수는 없었어요."

그리고 지금 이주연 목사는 노숙인들의 지적인 만족감·자존감·사회 소속감 등을 회복하기 위해 인문·예술 교육을 하는 '해맞이대학'을 열어 벌써 7학기를 맞이했습니다.

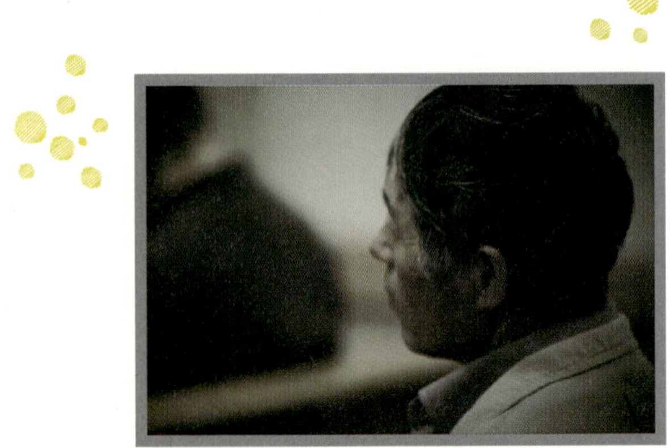

또 농사가 노숙인들 마음의 상처를 치유하는 데 효과적일 것이라는 생각으로 '사랑의 농장'을 열어 운영하고 있습니다. 농사에 '농'자도 모르는 이주연 목사도 독학으로 농사짓는 법을 배웠습니다. 한 걸음 더 나아가 농사를 지으며 자활을 꾀하는 '산마루해맞이공동체' 역시 내실을 다져가고 있습니다.

"희망의 불씨가 꼭 클 필요는 없거든요.
작은 불꽃이라도 제대로 뜨겁게 타면
들불처럼 번지는 거잖아요.
그분들 중 누군가 한 사람이 문을 열면 돼요.
그 사람이 열어놓은 길로 뒷 사람들은 따르기만
하면 되니까."

가까이서 봐야 보이는 것들

같은 길이라 하더라도 버스를 타고 갈 때에는 미처 볼 수 없던 것들이 자전거를 타고 갈 때면 눈에 들어오고는 합니다. 아마도 슬슬 걷다보면 더 많은 것이 보이겠지요. 가까이에 다가가야 보이는 것들이 있습니다. 사람과 사람 사이에서도 마찬가지인가 봅니다.

이주연 목사는 노숙인들과 함께 보내는 시간이 많아지면서 '저 분들은 왜 그럴까?'와 같은 질문이 가슴속에 쌓이는 것을 느꼈답니다.

왜 몸을 씻지 않을까?

왜 저렇게 근로 의욕이 없을까?

왜 꾸준히 이어 나가지 못할까?

그런데 그들과 좀 더 가까워지다보니
그런 질문들이 하나씩 해결되었다는군요.

몸을 씻지 않는 것은 '나는 당신들이 도와줘야 하는 노숙인이오'하며 드러내는 표시이자 마음이 망가지고 상처가 깊어서 생긴 일임을, 근로 의욕이 없는 것은 거친 노숙생활 때문에 바닥까지 떨어진 체력 탓임을,

성실하지 못한 것은 노숙인에게 주어지는
일 자체가 단기적이고 일시적인 일뿐임을
알게 되었기 때문입니다.

“그분들이 희망근로를 하게 됐어요. 그중 한 분은 몇 십 년만의 출퇴근이라며 정말 설레 하셨어요. 주차장 관리 일이었는데, 아침 7시도 되기 전에 출근해서 바닥에 뭐 하나만 떨어져도 쓸고 닦았대요. 함께 일하던 동료들로부터 너만 잘났냐는 소리까지 들어가면서 일하다가 기어이 주먹다짐까지 오고갔다는 이야기를 들었어요. 일하는 내내 욕먹고 왕따 당하고… 그래도 그분은 변함이 없었대요. 그렇게 일해서 한 달 월급을 받았는데 그게 마지막이었어요. 다음 달 희망근로 일자리가 반으로 줄어든 거죠. 그분은 다시 알코올 중독이 됐고 지금은 어디로 가셨는지 보이질 않아요.

이런 상황을 보면서 제가 고민 끝에 얻은 답이 사랑의 농장이에요.”

"소유를 박탈당했다고요? 뒤집어서 생각하면 소유에서 벗어난 거예요."

서울 종로구 부암동. 인왕산과 북악산이 좌우로 솟아있고 눈앞에 서울성곽이 보이며 도롱뇽이 사는 백사실 계곡을 품은 곳!
사랑의 농장은 그곳에 있습니다. 김장용 총각무며, 쪽파가 소담스럽게 자라고 있지요.

광화문에서 10분 거리이니 명실상부 서울의 중심이건만 부암동은 산도 공기도, 심지어 골목길조차 깨끗한 동네입니다.

농장 식구들 중에는 커다란 멧돼지 가족도 있습니다.
이 녀석들이 얼마 전 귀여운 만행(?)을 저질렀다고 합니다.
이주연 목사는 멧돼지 가족을 두고 이런 글을 남겼습니다.

종로구 부암동 북악산 기슭에 커다란 멧돼지 가족이 살고 있습니다. 간밤에 다녀갔습니다.

습하고 지렁이가 잘 자라는 기름진 밭을 골라 밤새 그 단단한 코로 샅샅이 뒤집어 놓고 갔습니다. 흔적을 보니 꽤나 힘센 놈이 틀림없습니다.

조금만 일찍 뒤집어 놓고 갔으면 밭을 갈지 않고 그대로 정리하여 씨를 뿌리면 되었을 정도입니다. 하지만 갓 씨가 예쁘게 솟아오르는 밭을 뒤집어 놓았으니 안타까움이야 어찌 말로 다할 수 있겠습니까?

그러나 산에는 새도 살고 짐승들도 살아야 산이겠지요. 그것은 사람들도 살기 좋은 곳이 되었다는 증거가 아니겠습니까?

밤새 물기와 먹을 것을 잔뜩 품고 있는 땅에 코를 처박고서 땅 속을 뒤지는 모습을 상상하노라니 간밤 숲 속에선 멧돼지들이 얼마나 신나고 미치도록 즐거웠을까 하는 생각에 저도 절로 즐거웠습니다.

– 이주연 목사의 산마루 서신 中에서

그의 사람됨이 어쩜 이리 진국일까? 하는 물음 따위는 이 글을 읽으며 단번에 해소되는 것을 느낍니다.

'산마루해맞이공동체'의 목표는 거기 머무는 2년 안에 노숙인들 각자가 소득 5000만 원을 마련하고 농사 기술을 익힌 후 농지은행에서 농지를 빌려 제2차 공동체로 자립하는 것입니다. 산마루교회와 해맞이선교회에서는 이들의 의식주와 가축 기르기와 농사에 필요한 모든 비용을 제공합니다.

여기서 얻은 수익금의 일부를
기부하여 서울역 사람들에게
목욕시설과 빨래방까지 마련하려는
계획을 세우고 있답니다.

산도 공기도

사람 사는 사회도

편견 없이

깨끗해질 수 있다면

He says...

내가 좋은 얼굴로,
좋은 마음으로 상대를 대하면
상대도 자기 속에 있는 것 가운데
좋은 것을 끄집어 내주더라고요.

그 상대가 누구든 말이지요.
사실, 근심 걱정과 같은 안 좋은 마음의 90%는 불필요하고,
일어나지도 않을 일에 대한 것이잖아요.
미리 마음을 닫아놓으면 본인만 손해에요.
좋은 사람과 좋은 생각하기에도 모자란 게 인생인데.

『길 잃은 노숙인이 스스로 길을 찾는 곳 '사랑의 농장'을 이끄는 이주연 히어로.
그와 함께 스스로 자립하려는 노숙인에게 도움이 되고 싶다면 리틀 빅 히어로 홈페이지를 통해 '해피 빈 모금함 기부하기'를 링크시키면 된다. 링크로 조성된 기금은 〈서울역 노숙인을 위한 목욕탕과 빨래방〉의 후원금으로 사용될 예정이다.』

산마루교회: http://www.sanmaroo.org

스스로 '길치'임을 잘 알고 있는 스물다섯 살 청
이 있습니다. 정말 숱하게도 여러 번, 가고
한 곳의 반대 방향으로 향하는 버스를 탔
노라 고백합니다. 왜 매번 이럴까? 처음에
자기 자신에게 화도 많이 났다고 합니다. 그런
자신만큼 방향 감각이 떨어지는 이들이 한둘이
니더랍니다. 더구나 초행길일 때는 제대로 된 방
을 알기도 어렵고 버스 정류장의 노선표는 어느
류장이나 동일한 것이 붙어 있음을 발견하게 되
다고 합니다. 그러다가 문득! 내가 지금 서 있
정류장은 노선표 중 어디에 해당되는지
버스가 가는 방향은 어디인지 알려주는
시가 있으면 좋겠다, 라는 지극히 상식적인 결
에 이르게 됐습니다.

버스노선도에 화살표를 붙여,
천만 서울 시민들의 시간을 아끼다

episode 10

먼저 행동하는 '화살표 청년' 이민호

유심론(唯心論)과 유물론(唯物論)

사이에서 갸우뚱할 때가 있습니다.

마음이 행복하면 함박웃음이 절로 나오지만

함박웃음을 짓고 있다보면 행복해지기도 하니까요.

여기,

길게 생각하지 않고, 옳다고 여긴 대로 행동하고 보니

얻은 것이 정말 많았노라 미소 짓는 사람이 있습니다.

화살표 하나로 천만 서울 시민들의

시간을 아껴준 청년 이민호입니——다.

질문 하나

Q 당신이 만약 목적지와 반대 방향으로 가는 버스를 탔다면 어떻게 하시겠어요?

① 노선표를 살펴본 뒤 다음 정류장에서 조용히 내린다.

② 자신의 아둔함을 속으로 원망한다.

③ 종점에 도착할 때까지 그 사실을 모른 채 주욱~간다.

④ 버스 방향을 알려주는 화살표를 정류장마다 돌아다니면서 붙인다.

혹시 ④번을 선택한 분이 계신가요?

스스로 '길치'임을 잘 알고 있는 스물다섯 살 청년이 있습니다.

그는 정말 숱하게도 여러 번, 가고자 한 곳의 반대 방향으로 향하는 버스를 탔었노라 고백합니다.

왜 매번 이럴까?
처음에는 자기 자신에게 화도 많이 났다고 합니다.

그런데,
자신만큼 방향 감각이 떨어지는 이들이 한둘이 아니더랍니다.
더구나 초행길일 때는 제대로 된 방향을 알기도 어렵고,
버스 정류장의 노선표는 어느 정류장이나 동일한 것이 붙어 있다는 것을 발견하게 되었다고 합니다.

그러다가 문득!

내가 지금 서 있는 정류장은 노선표 중 어디에 해당되는지 또 버스가 가는 방향은 어디인지 알려주는 표시가 있으면 좋겠다, 라는 지극히 상식적인 결론에 이르게 됐습니다. 이렇게 말이지요.

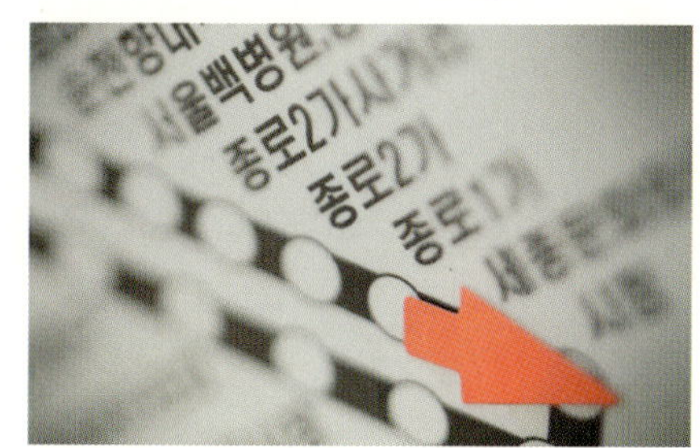

질문 둘

Q 당신이 만약 청년 이민호가 내린 결론에 동의하신다면 어떻게 하시겠어요?

① 언론사에 기고문을 쓴다.

② 버스 회사에 전화를 걸어 시정을 요구한다.

③ 혹시 사업화 아이템에 해당되는지 면밀한 시장조사에 들어간다.

④ '120다산콜센터'에 민원을 제기한다.

혹시, 청년 이민호의 선택은 무엇이었는지 짐작하시겠어요? 네 그렇습니다. 그는 120다산콜센터에 전화를 걸어 이러한 불편이 있으니 시정을 해달라고 요구합니다. 민원은 받아들여졌습니다.

그런데 그 속도가 느리다 못해 성질 급한 청년 이민호의 속을 활활 태울 정도였습니다.

한 정류장의 버스노선도에 방향 표시가 붙기까지 무려 28일이나 걸린 겁니다. 서울 시내 정류장의 수만 하더라도 6400여 곳이나 된다고 하는데, 한 정류장당 28일이 걸린다면, 본인이 죽을 때까지 계속 민원을 넣어도 안 되겠다는 결론을 '다시' 내리게 되었습니다.

질문 셋

Q 당신이 만약 청년 이민호가 내린 두 번째 결론에 동의하신다면 어떻게 하시겠어요?

① 포기한다.

② 성질나지만 그냥 포기한다.

③ 생각나면 한 번씩 민원 전화를 건다.

④ 내 손으로 방향표시 화살표를 붙이고 다닌다.

청년 이민호의 그 다음 선택은 '행동'이었습니다.

붉은색 화살표가 부착된 800원짜리 스티커를 가지고 자전거를 타고 다니며 정류장 순회에 직접 나섰습니다.

화살표는
천만 시민들의
'시간절약표'

이민호 씨의 '행동'이
인터넷을 통해 알려지면서 숱한 네티즌들의
박수와 칭찬이 쏟아졌습니다.

간혹 버스 정류장에서 그를 알아보는 이들도 생겼고,
급기야 박원순 서울 시장의 귀에도 이 소식이 알려지면서
그는 서울시로부터 표창장까지 받게 됩니다.
박원순 시장은 그에게 펭귄 인형을 선물했습니다.

왜 하필 펭귄 인형을 선물한 것일까요?

퍼스트 펭귄(First Penguin)

혹시 '퍼스트 펭귄'이란 단어, 들어보셨나요?
무리지어 사는 펭귄들의 먹이는 차가운 남극 바다에 있습니다. 그런데 그 바다에는 먹이뿐 아니라 물개나 바다표범 같은 펭귄들의 천적이 도사리고 있습니다. 펭귄에게 바다는 기회와 위험이 공존하는 곳이지요.

한 가지 재미있는 사실은 펭귄 무리 중 먹이를 찾기 위해 맨 처음 바다에 뛰어드는 놈이 항상 있고 나머지 무리는 자석에라도 끌리듯 첫 놈을 따라 들어간다는 점입니다.

과감히 먼저 앞서는 그 놈을
사람들은 '퍼스트 펭귄'이라 부릅니다.

박원순 서울 시장도 그런 의미에서 이민호 씨에게 펭귄을 선물한 게 아닐까요?

"누군가는 해야 되는 일이라서
제가 먼저 했어요."

그는 말합니다.

그저 답답해서 시작한 일이었노라고.

아무도 신경 쓰지 않았지만, 내가 먼저 시작해서 천만 서울 시민의

시간을 아꼈다는 사실에 만족한다고.

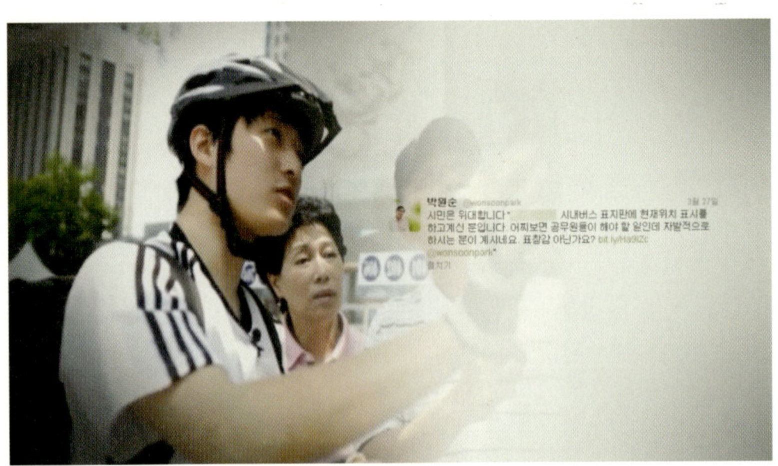

화살표 청년의 활약이 알려지면서
서울시에서는 관련 조례도 제정되었고
경기도에서는 자체적으로 방향 표시 작업을 하고 있지만,
이민호는 이후에도 계속 방향 표시가 미흡한 곳을 찾아
페달을 밟았습니다.

혹시, 자전거를 끌고 다니며
붉은 화살표를 버스 노선표에 붙이고 있는
청년을 만난다면,

당신은 뭐라고 말해주시겠어요?

화살표 청년 이민호의 위기관리법

그에게도 주춤했던 시기가 있었습니다.

이야기는 그의 대학시절로 돌아갑니다.

다음은 대학 졸업 1년을 남겨두고 다부지게 해보리라… 하고 그의 '절친'과 나눈 계획들입니다.

① 자전거 국토종주

② 아르바이트

③ 그 외 '의미 있는' 일 몇 가지

그런데

아르바이트 자리는 잘 들어오지 않았고, 자전거 국토종주는 초행길의 어려움에 봉착해 둘도 없던 친구는 그만, 서울로 올라가 버렸습니다.

민호 씨는 낙동강 오리알이 돼 버렸습니다.

게다가 휴학을 택한 친구와 달리, 시간을 좀 더 벌어보겠다며

학교를 아예 자퇴하고 학점은행제를 선택한 민호 씨 앞에는

깊고도 넓은 시간의 공백만이 덩그러니 남았습니다.

'캠퍼스 라이프'의 증발 이후,

살짝 우울증마저 겪었답니다.

그러나 민호 씨는 분연히
자신에게 찾아온 위기를 뚫고 일어섰습니다.

800원짜리 스티커
그리고 자전거와 함께 말이지요.

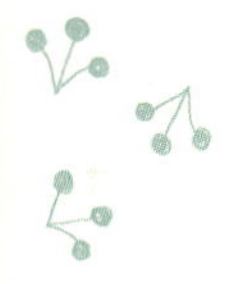

"저도 처음엔 시간이 좀 아깝다고 생각했어요.

그런데 화살표를 붙이고 난 뒤,

저한테 오는 긍정적인 반응들이 정말 힘이 됐어요."

정류장에서 만난 한 할아버지는 '좋은 일 한다'며 어깨를 다독여주었고 검은 뿔테 안경을 쓴 직장인으로부터 검은 비닐봉지에 담긴 귤도 받았습니다. 정말 고맙다는 인사와 함께 말이지요.

우울증?

그런 건 어디로 갔는지도 모르게 휘익 날아가버렸답니다.

새로운 친구도 많이 생겼습니다.

방송 출연까지 했습니다. 그것도 여러 번.

이 청년의 위기 관리법,
한번 따라해봄직하지 않습니까?

He says...

한참 스티커를 붙이러 다닐 때 누군가가 그랬습니다.
왜 그렇게까지 하냐고.

저는 가만히 기다려서 되는 일은 없다고 생각합니다.

조금만 움직이면 변하는데,
우리는 너무 해야 할 이유만 찾으면서 시간을
보내고 있는 게 아닐까요?

『노선표에 방향 표시가 없어 불편을 겪는 시민들을 위해 버스 노선표에 화살표를 붙이는 화살표 청년 '이민호' 히어로. 그의 행동에 힘을 보태고 싶다면 리틀 빅 히어로 호페이지를 통해 '해피빈 모금함 기부하기'를 링크시키면 된다. 링크로 조성된 후원금은 〈초록우산 어린이 재단의 결식아동돕기〉로 사용된다.』

저희 가족은 이곳으로 이사 와서 전에 없이 즐겁
풍요로움을 누리고 있습니다. 그리 크지도 않은
산이 어찌나 아름답게 가꾸어져 있던지요. 그것
감사한데 저희 집 바로 옆에는 자그마한
나무 숲까지 있어 자연이 주는 혜택은,
고마움은 말로 다 할 수 없답니다. 헌데
어 달 전에 이 녹지공간이 일반매각 된다는 소식
들었습니다. 그날부터 뭔지 모를 걱정에 잠
잘 오지 않았어요. 여기저기에 전화를 해보았
니다. 한 번만 여기에 와서 1백년은 자라왔을 법
소나무들과 하늘을 향해 우뚝 선 저 큰 은행나
들을 살펴봐주십시오. 저들이 이곳에 그냥
을만한 당연한 가치들이 있는지를.

자살고위험자들의 쉼터를 마련해 그들의 회복을 돕다

episode 11

생명을 살리는 전업주부 정진

속속이, 주름조개, 돌피, 새콩,

꽃말이, 산거울….

이 이름들이 무엇인지 아시나요?

서울 연희동 솔숲에 살고 있는

초본 식물의 이름입니다.

아파트에 살 땐 미처 몰랐던 이름들.
사랑하면 보게 되고
보고 나니 알 것 같다고 말하는
그녀의 이름은 정진.

'살림' 하는 여자 정진은 나무와 풀을 살리고

자살고위험자들을 위해 자신의

집을 쉼터로 개방하고 있습니다.

솔숲이 바꿔 놓은 것

늘 날카롭고, 비판적이고, 잘못된 것을 보면 그냥 지나치지 못하고 꼭 지적을 하고 말던 그녀가 20년간의 아파트 생활을 정리한 뒤 달라졌습니다.

대문을 열었을 때 집 뒤로 보이는 솔숲이 마음에 들어 연희동 주택에 새 둥지를 꾸렸습니다. 하루는 물끄러미 솔숲을 바라보다가 병이 난 소나무를 발견했습니다.
서울 시에 전화를 걸어 병 든 나무를 베어냈습니다.

그 뒤 1년간 가지를 쳐주고 잡초를 솎아내 주었더니 숲이 몰라보게 아름다워지더랍니다. 그렇게 솔숲과의 정을 쌓아가던 어느 날, 서울 시 부지인 숲의 매각 소식을 들었습니다. 잠들지 못하는 며칠 밤을 보낸 뒤, 그녀는 매일 솔숲에 갔습니다. 시민 단체와도 만났습니다.

그리고 서울 시장에게
이런 편지를 썼습니다.

시장님께 드립니다. 이런 이름 들어보셨어요?
방아풀, 주름잎, 역귀, 마디풀, 질경이, 금낭화, 참나리,
딱총나무 등등, 이 친구들 모두가 제가 사는 집 바로 옆
아주 작은 소나무숲에 사는 식물들 이름입니다.
전 오늘 이 친구들의 생명을 지켜주고 싶어서 시장님께
글을 쓰고 있습니다
... 중략 ...

저희 가족은 이곳으로 이사 와서 전에 없이 즐겁고 풍요로움을
누리고 있습니다. 그리 크지도 않은 안산이 어찌나 아름답게
가꾸어져 있던지요. 그것도 감사한데 저희 집 바로 옆에는 자그마한
소나무 숲까지 있어 자연이 주는 혜택은, 그 고마움은 말로

다 할 수 없답니다. 헌데 두어 달 전에 이 녹지공간이
일반매각 된다는 소식을 들었습니다.
그날부터 뭔지 모를 걱정에 잠이 잘 오지 않았어요.
여기저기에 전화를 해보았습니다. 한 번만 여기에 와서
일백 년은 자라왔을 법한 소나무들과 하늘을 향해 우뚝 선 저 큰
은행나무들을 살펴봐주십시오. 저들이 이곳에 그냥 있을 만한 당연한
가치들이 있는지를.
시장님, 여기에 자연을 아끼는 모임인 한 단체가 쓴,
숲 실사보고서를 함께 넣었습니다. 서울 도심 한 가운데서 비밀스레
자라고 있는 이 고마운 것들. 우리 집 마당에서 감나무를 톡톡 쪼아대고 있는
오색딱따구리를 볼 수 있는 것도 이 숲이 있는 까닭입니다….
꾀꼬리 박새, 쇠박새, 꿩, 멧비둘기, 까치, 참새,
이밖에 이름조차 모르는, 후일에는 알았어요.
곤줄박이 녀석도 오고 직박구리도 오고 이걸 쓰고 있는
새벽에도 박새는 고운 울음을 울고 있네요.

일주일 후, 서울 시로부터 매각 계획이 취소되었다는 통보를 받았습니다. 늘 날카롭고, 비판적이고, 잘못된 것을 보면 그냥 지나치지 못해 지적을 하고 넘어가야 했던 성격 덕분에 솔숲을 살릴 수 있었습니다. 그러나 그 일을 겪고 난 뒤, 어딘가 모르게 무뎌지고, 관용적이며, 조

금 따뜻해진 자신의 모습이 보이더랍니다.

집 뒤 솔숲과 맞닿은
담장마저 허물고
오늘도 그녀의 발길은
숲으로 향합니다.

솔숲,
소나무가
있어야 할
당연한 자리

그런 그녀가 몇 년 전부터는 자살고위험자들을 위해 제 집 문을 활짝 열었습니다. 솔숲과 텃밭이 가르쳐준 생명의 귀함을 기쁘게 배운 덕분입니다. 제일 좋은 거름은 땅을 숨 쉬게 하고 북돋아 주는 호미질임을, 죽은 듯 보여도 생명은 다시 무성해질 수 있음을 땅이 가르쳐 주었습니다.

'마음 쉼터'를 찾는 이들을 기꺼이 받아들이는 것은 땅의 가르침을 몸소 실천하기 위해서입니다.

모든 생명은 '첫째 자세히 관찰하고 둘째 지금 무엇이 필요한지를 귀 기울여 들어주고 셋째 내가 가진 것 안에서, 할 수 있는 것 안에서 도와준다면 언제나 치유되고 회복된다는 것'을 그녀가 믿고 있기 때문입니다.

누군가 묻습니다. 자살고위험자들이 무섭진 않느냐고. 무슨 사고를 칠지 어떻게 아냐고. 그녀가 대답합니다.

"그들을 위험하게 변하도록 하는 건 무시할 때,
관계를 끊을 때, 관심을 두지 않을 때,
그들의 이야기를 경청해주지 않을 때,
공감하지 않을 때,

그럴 때예요. 자신에게 집중해주는 사람이 있는데
여기에선 사고 안 치죠. 보세요. 문이 죄다 열려 있잖아요."

활짝 열린 그 집에서 오늘도 귀한 생명들이
편안한 숨을 들이쉬고 내쉽니다.

"제가 꿈꾸는 일 중 하나가 내가 가진 것을 나눠서 다른 사람들이 더 풍성해지는 거예요. 꽃을 나누는 플라워뱅크가 어떨까요?

우리 집에 꽃이 많아지면
필요한 사람에게 주는 거죠.
그런 사회적 기업을 하고 싶어요."

참 이상한 일입니다.

때 맞춰 물 주고, 햇빛 보여주고, 심지어 영양 앰플까지 꽂아 놓았는데도 시들시들 죽어가던 화초가 '그녀'에게만 가면 화사하게 살아나는 겁니다. 대체 무슨 조화를 부린 거냐 물어봐도 신통방통한 대답 같은 건 잘 넘어오지 않습니다. 그저 조금 더 신경써서 돌봤다는 이야기 정도입니다.

그렇게 우리 주변에는 생명을 살리는 '요술 손'들이 따로 있는 것 같습니다. 전업주부 정진 씨도 예의 그 '요술 손'을 가진 분입니다.

생명을 살리는
신통방통한
요술 손

그녀가 숱한 생명들을 지킬 수 있었던 것은 그녀에게 내재된 '살리는 재주' 때문이었습니다.

동네의 한 제과점 정원을 손수 가꾸게 된 것도 우연이 아니었을 것입니다. 시들어가는 꽃이며 말라가는 풀들을 그냥 지나칠 수 없었던 정진 씨는 제과점 주인에게 이 작은 정원을 돌봐도 되겠냐고 물었답니다. 참 오지랖도 넓으시지요. 제과점 주인은 정진 씨에 대해 이렇게 말합니다.

"지나가면서 한 번씩 물주시고, 집에 있는 나무 가지쳐서 심어다 주고... 그냥 그랬는데, 저렇게 예뻐졌어요. 그래서 내가 무슨 생각을 했냐면 '저 분은 생명을 살리는 일을 하시는구나… 그 생명이 사람이든 나무든, 물주고 가꾸고 살려내는 걸 보면…' 우리가 잘 못 키우던 것도 저 분이 와서 물주고 그렇게 살아나는 걸 보면 그런 생각이 들어요."

정진 씨가 제과점에 들를 때마다

주인은 빵을 선물합니다.

삶에 지치고 부대껴 상처 입고 '시들시들해진' 이들이

정진 씨 집 쉼터에 와서 다시 싱싱해지고,

화사해진다는 것을 빵집 주인도 알고 있습니다.

본인이 직접 구운 빵이 그들에게 따뜻한 피가 되고

부드러운 살이 되기를 희망한답니다.

정진 씨는 오늘도 그녀의 '요술 손'으로
이 땅의 생명에 물주기를 하고 있습니다.

오늘도

그녀의 요술 손은

'생명을 살리는 물'을 줍니다

She says...

우리나라 안에 자살예방 주거시설이 없어요. 낭떠러지 끝에 있는 사람을 품고 그들의 이야기를 들어주고 공감하며 '생명'의 소중함까지 깨달을 수 있는 주거시설. 그걸 한번 시도해보고 있는 거예요. 거름 중에 가장 좋은 게 호미질이래요. 자주 흙을 갈아주면서 숨쉬게 해주고 북돋워주는 것 말이에요.

사람도 생명도 마찬가지더라고요.
들어주고 공감해주면
생명은 절대 죽지 않아요.

『생명의 숨소리에 감응할 줄 알고, 그들의 이야기를 가만히 들어주며 북돋워주는 정진 히어로. 그녀와 함께 생명 살리기에 동참하고 싶다면 정진 히어로가 운영하는 '자살예방 마음쉼터' 위드하우스에 방문해 만 원으로 마음을 나누는 '1004명의 천사'가 될 것을 권한다.』

자살예방 마음쉼터: http://withhouse.saybig.com
위드하우스: http://withhouse.saybig.com

대한민국 전역에서 묵묵히 자신의 삶을 이웃과
누는 자원봉사자들을 만날 수 있습니다. 요란
스포트라이트가 없어도 그들의 마음가짐
흔들림이 없습니다. 단군 이래 최대의 경제
기가 다가온다며 언론마다 떠들어대고 그 어느
보다 불신받는 정치 혐오의 시대에 우리 사회의
거운 복지 시스템을 메워주는 이들이 바로, 서두
할머니와 같은 자원봉사자들이겠지요. 그래도
쭙고 싶습니다. 그리도 한결같이 '봉사'의 길을 걸
오실 수 있었던 힘은 대체 어디서 나오나요? 할
니가 말씀하십니다. "엄마가 똑바로 살면 그
바로 내한테는 안 와도 내 자식, 내 손주
한테 다 간다."

평균 나이 70세, 합포 할머니 봉사대의 대장

episode 12

젊음을 나누는 재봉틀 할머니 서두연

하나를 주면

두 개, 세 개가 되돌아온다는 이상한 공식!

몸을 움직이는 것은 귀찮은 게 아니라,

녹슬지 않게 하는 비결이라는 놀라운 지혜!

이 이상한 공식과 놀라운 지혜로 똘똘 무장한 그녀는

50년째 퍼주는 삶을 실천해오고 있는

자원봉사의 여왕, 서두연 할머니입니——다.

질문 하나

Q 당신이라면 헌옷으로 무엇을 하시겠어요?

① 버린다.

② 걸레로 쓴다.

③ 남 준다.

④ 말끔히 손질해 되팔고, 그 돈으로 기부한다.

2000년대, 재활용품을 판매하는 아름다운 가게의 등장은
낡은 물건의 새로운 가치 발견으로
우리 사회에 큰 반향을 몰고 왔습니다.

그러나 이러한 움직임이 하늘 아래 새로운 것은 아닙니다.

그 이전에도 '아나바다(아껴쓰고 나눠쓰고 바꿔쓰고 다시쓰자)운동'이 있었고 실제 우리 어머니, 할머니들의 삶은 '유한 자원의 무한대 활용'이었다 해도 지나치지 않을 것입니다.

여기, 그러한 삶의 지표로 손꼽을 만한 분이 계십니다.

올해 여든 넷의 나이로 49년간 '자원 봉사'의 덕목을 몸소 실천해온

서두연 할머니가 바로 그분입니다.
할머니는 마산의 합포봉사대 대장이십니다.
30여 명으로 구성된 할머니 봉사대원들과 함께
집집마다 버려지는 헌옷을 수거해
깨끗이 빨고 말끔히 수선해 필요한 이들에게 장당 1000원이란
싼 값으로 되파십니다.
그렇게 모은 돈을 마산의 독거노인들을 위한
가을 김장 비용으로,
다문화 가정 아이들의 반찬 비용으로 쓰신답니다.

물론 '60년 전통의 손맛'을
직접 활용해서 말이지요.

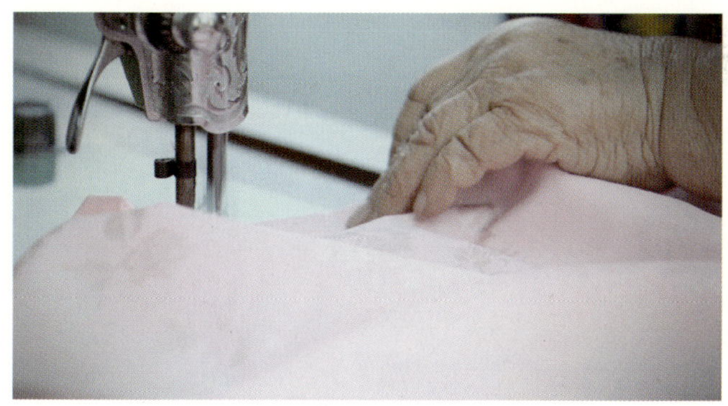

질문 둘

Q 당신은 친구들과 만나서 어떻게 시간을 보내시나요?

① 담배를 피우며 담소를 나눈다.

② 내기 화투를 친다.

③ 술 마시며 진상놀이를 한다.

④ 술 마시고 담배 피우면서 화투친다.

나이가 들수록 여생을 함께할 친구가 얼마나 소중한 존재인지 피부로 느껴진다고들 합니다. 그런데 정작 우리는 친구들과 만나 무엇을 하는지 곰곰이 돌이켜보니, 딱히 내세울 만한 게 없습니다.

그래서 더더욱 서두연 할머니의 '특별한' 규칙이 인상적입니다.

서두연 할머니와 '재미있는' 시간을 함께 보내고 계신 마산 합포 '할머니 봉사대원들'에게는 지켜야 할 금기 사항이 세 가지 있습니다.

첫째 담배,
둘째 술,

셋째 화투입니다.

그 이유를 서두연 할머니는 이렇게 말씀하십니다.

"헌옷이랑 저래 쌓아 놓고, 담배 피다가 홀랑 태워 먹으면 우짜노! 술? 이 할마씨들이 말이야. 술만 먹으면 운다. 메느리가 우짜고 아들이 우짜고 하면서… 절대 안 된다. 화투? 화투는 일본사람들이 우리나라 망하게 할라고 들여온기다. 그걸 왜 치노?"

찰싹 찰싹 감기는 '갱상도 사투리'로 표현되는 세 가지 금기 사항엔 할머니의 삶에서 체득된, 곱씹어볼만한 이유가 진하게 배어 있습니다. 설령 그것이 할머니의 귀여운(?) '독재'라 해도 말입니다.

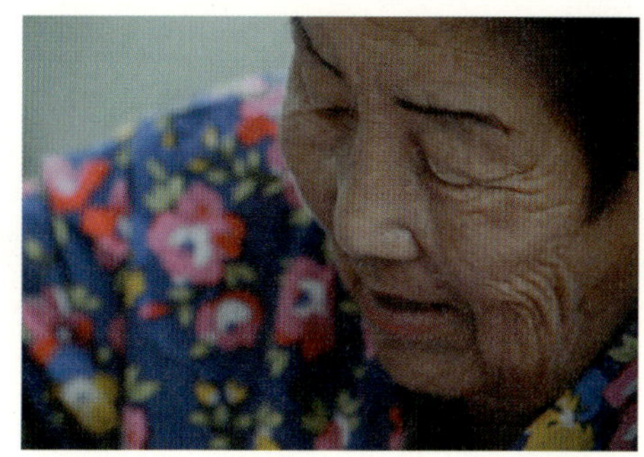

질문 셋

Q 당신의 노후는 어떤 모습일까요?

① 전원주택에서 텃밭을 가꾼다.

② 매일 경로당에 출근한다.

③ 실버타운에 들어간다.

④ 절친들과 제2의 인생을 연다.

가족보다 끈끈한 봉사대 친구들이 있기에 할머니들은 외롭거나 불안하지 않습니다.

지난 50년 서두연 할머니를 필두로 마산의 '할머니 봉사대'는 훈훈하고 건강하게, 무엇보다 즐거운 노후를 보내고 계십니다. '봉사'라는 테두리 안에서 말이지요.

돋보기도 필요 없고 안경도 써본 일이 없다는 서두연 할머니. 지금도 재봉틀 바늘귀에 망설임 없이 척척 실을 꿰는 할머니가 이렇게 외치십니다.

"신나봐라. 아픈 줄도 모른다. 부럽재? 우리는 봉사로 매일매일 젊어지는 회춘공동체다."

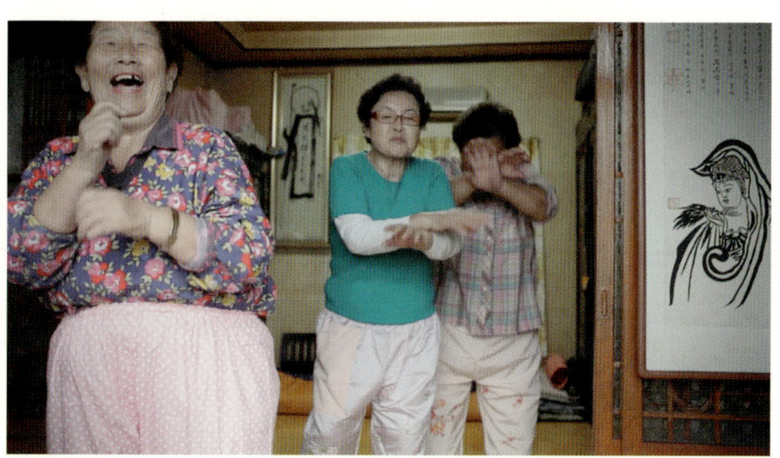

할머니에게서 얻은 대답

대한민국 전역에서 묵묵히 자신의 삶을 이웃과 나누는 자원봉사자들을 만날 수 있습니다.
요란한 스포트라이트가 없어도 그들의 마음가짐에는 흔들림이 없습니다.
단군 이래 최대의 경제 위기가 다가온다며 언론마다 떠들어대고
그 어느 때보다 불신 받는 '정치 혐오의 시대'에 우리 사회의 헐거운 복지 시스템을 메워주는 이들이 바로,

서두연 할머니와 같은 자원봉사자들이겠지요.

그래도 여쭙고 싶습니다.
그리도 한결같이 '봉사'의 길을 걸어오실 수 있었던 힘은 대체 어디서 나오나요?
할머니가 말씀하십니다.

"엄마가 똑바로 살면 그 복이 바로 내한테는 안 와도 내 자식, 내 손주들한테 다 간다."

내가 가진 것을 남에게 안 주려고 꼭 쥐고 있다보면
어느새 손가락 사이로 술술 빠져나가지만,
남과 나눌 줄 아는 엄마 밑에서 큰 아이들은
달라도 뭔가 다르다며 의미심장한 미소를 지으십니다.
슬하에 8남매를 두셨고, 그 손자들까지 합하면
수십 명에 이르는 할머니의 가족들은 오늘도 할머니가
뿌려놓은 나눔의 결실 덕분에 다복하시답니다.

움켜쥐면 작아지고 베풀면 커진다는 할머니의 지론에,
그리고 '노구'를 이끌며 몸소 실천해오신 할머니의 삶에

진심으로 경의를 표합니다.

배풀면 커진다는

지론으로 걸어오신

할머니의 인생길

She says...

죽으면 아무것도 못 가져가요. 1000원을 벌면 200원을 베푸는 게 그게 남는 것이지요. 무엇이든지 재미있게 그렇게 살아야 해요.
내가 세월이 가서 그렇지 세월만 안 갔으면 뭐든지 하고 싶어요. 앞으로도 내 건강이 허락하는 한 끝까지 하겠습니다.

봉사를.
기쁜 마음으로.

『농촌지도소 생활개선회를 시작으로 45년간 봉사활동을 이어온 것도 모자라, 손때 묻은 재봉틀로 옷을 만들어 복지시설과 경로당, 병원 등에 지원하고 김장철이 되면 김장을 담궈 나눠주는 합포 할머니 봉사대 서두연 히어로.
그와 신명나는 봉사를 함께하고 싶다면 리틀 빅 히어로 홈페이지를 통해 '해피빈 모금함 기부하기'를 링크시키면 된다. 링크로 조성된 기금은 의류 재단에 쓰이는 천 구매를 위한 '합포할머니봉사회'의 후원금으로 사용될 예정이다.』

대학시절에는 1만 명 규모의 전국적 창업 동아리 연합의 리더로 활약했고 군대에 있을 때조차 국내 유수의 CEO 10명에게 편지를 보내 2명으로부터 면담 약속을 받아냈습니다. 그 일화를 잠깐 살펴보자면, 안철수 씨를 만나기 위해 '안철수연구소닷컴'이라는 한글 도메인을 구입한 뒤 일종의 거래를 하자며 만나달라는 시도를 한 적이 있고, 114 ⇨ 대기업 고객지원센터 ⇨ 비서실 루트를 통해 CEO와의 면담에 성공한 전적도 갖고 있을 정도입니다. 이런 열정에 힘입어, CEO가 되겠다는 그의 목표는 순조롭게 이룰 수 있었습니다. 그런데 정작 소원하던 꿈이 이루어졌는데도 유덕수 씨는 행복하지 않은 자신을 발견하고 맙니다. 그의 나이 서른이 조금 넘었을 때의 이야기입니다.

진정한 자신의 꿈을 찾게 하는 '열정대학'을 만들다

episode 13

20대 꿈찾기 멘토 유덕수

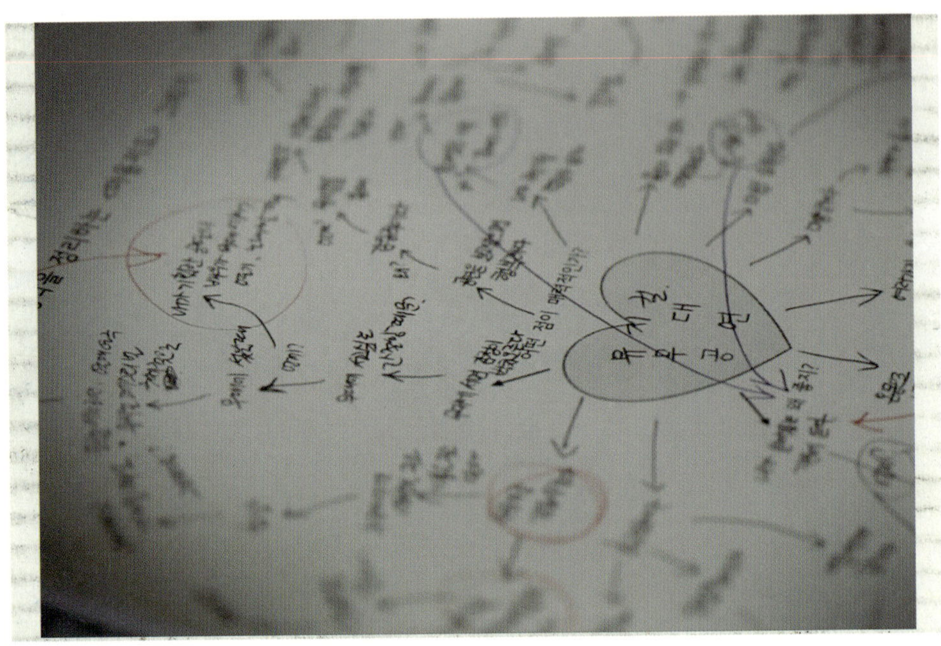

그 학교의 선생님은

고민 있을 때 연락 하면 점심을 사주고,

그 학교의 전공과목은

번지점프, 단편영화제작, 하프마라톤, 패션쇼,

이성친구 사귀기입니다.

남과의 경쟁이 아니라

자신의 주도적인 학습태도와 결과물로

성적이 매겨지는 학교.

'열정대학'을 만든 그의 이름은

유덕수입니——다.

진짜 중요한 문제

"누구나 뭔가 잘할 수 있는 일이 있어요.
잘할 수 있는 일을 발견하고, 하고 싶은 일을 찾았을 때, 재능과 욕망이 만나는 그 일을 했을 때 우리는 꽃처럼 피어날 수 있어요.

저는 그런 걸 만났기 때문에 이 일에 집중하고 더 타오를 수 있는 것 같아요."

'88만원 세대', 연애와 취업과 결혼을 포기해야 한다는 '3포 세대'를 둘러 싼 담론들이 있습니다.

저성장 시대로 접어든 대한민국의 경제 구조가 젊은이들의 앞길에 걸림돌이 되고 있는 것은 불을 보듯 뻔해보입니다.

스스로 이 사회에 빚을 지고 있다고 생각하는 누군가는 멘토를 자처하고, 산업 역군이었던 누군가는 요즘 젊은이들이 도전할 줄 모른다며 혀를 찹니다.

아직 피어나지 못한

88만원 세대

가장 혼란스러운 이들은 말할 것도 없이 젊은이들이겠지요.

그들만이 아닙니다. 부모 세대 또한 자식들을 도울 수 있는 방법이 무엇인지 몰라 답답하긴 마찬가지입니다.

짧은 시간에 고도성장을 이룬 대가로 우리의 한 세대는 30년이라는 시간 안에 60년이 응축되어 있다는 주장까지 나옵니다. 20~30년 전 겪었던 부모 세대의 경험은 정작 자식세대에 별다른 도움을 줄 수 없다는 이야기입니다.

실제로 부모 세대가 흠모해 마지않는 의사, 변호사 등 전문직군이 되는 것은 낙타가 바늘 귀 통과하는 것만큼이나 어려워진 반면, 과거에 비해 누릴 수 있는 혜택은 상대적으로 적어졌다고들 합니다.

안정적인 직업으로 꼽히는 공무원은 또 어떻습니까? 부모가 권하니까, 적어도 해고될 위험이 적으니까 너도나도 공무원이 되기를 바라지만, 그러다보니 진입장벽이 말도 못하게 높아졌습니다.

대학 정원은 남아도는데 정작 원하는 대학에 입학했다는 학생들은 적어지고, 소위 명문 대학 진학에 성공했다 해도 다음 목적지인 취업에 이르는 길은 멀고도 험합니다.

젊은이들은 오로지 '취업'을 위한 '스펙 쌓기'에 내몰려 우정도 연애도 여행도 모두 나중으로 미뤄놓고 있습니다. 심지어 나는 어떤 사람인지, 내가 좋아하고 잘하는 것은 무엇인지, 나와 세상은 어떤 관계를 맺고 있는지, 사람은 왜 함께 살아야 하는지와 같은 문제 따위는 생각할 틈도 없습니다.

살면서 한 번쯤은 그런 문제들에
발이 채여 걸려 넘어지고 만다는 것을
이제는 모두들 인정할 때입니다.

"동백꽃은 겨울에 피어요.

남들처럼 봄, 여름, 가을에 싹을 틔우지 못하면 어때요!

내가 가진 씨앗이 언제 꽃을 피우는지
그걸 찾으면 되죠."

그런 친구들이 있습니다.

어린 나이에 삶의 목표를 곧추 세우고는 당차게 돌진하는 열정 있는 청춘들 말입니다.

유덕수 씨가 그랬습니다.

고등학교 3학년 때부터 '나는 장차 CEO가 되어야지!'라는 야무진 꿈을 다지고 '중소기업 벤처학'이라는 구체적 전공을 가진 뒤, 자신의 꿈을 향해 뛰고 또 뛰었습니다.

대학시절에는 1만 명 규모의 전국적 창업 동아리 연합의 리더로 활약했고 군대에 있을 때조차 국내 유수의 CEO 10명에게 편지를 보내 2명으로부터 면담 약속을 받아냈습니다.

그 일화를 잠깐 살펴보자면, 안철수 씨를 만나기 위해 '안철수연구소닷컴'이라는 한글 도메인을 구입한 뒤 일종의 거래를 하자며 만나달라는 시도를 한 적이 있고, 114 ⇨ 대기업 고객지원센터 ⇨ 비서실 루트를 통해 CEO와의 면담에 성공한 전적도 갖고 있을 정도입니다.

이런 열정에 힘입어 CEO가 되겠다는 그의 목표는 순조롭게 이룰 수 있었습니다. 그런데 정작 소원하던 꿈이 이루어졌는데도 유덕수 씨는 행복하지 않은 자신을 발견하고 맙니다. 그의 나이 서른이 조금 넘었을 때의 이야기입니다.

그 다음 순서는 잠시 방황의 시기를 거친 뒤, 자신이 하고 싶은 일은 무엇인지, 뭘 하면 잘할 수 있는지, 그 일을 하면서 가슴이 두근거릴 정도로 행복한지 찾고 또 찾는 시간이 이어졌습니다.

'나'라는 존재를 두고 10대와 20대를 거치는 동안 충분히 탐색했어야 한다는 사실을 깨달았습니다.
진짜로 내가 욕망하는 것은 무엇인지 혹시 어른들과 이 사회가 요구하는 것을 마치 내 욕망인 것처럼 포장했던 것은 아닌지 의심하고 성찰하는 시간도 필요했습니다.

그리고 그는 지금 20대와 함께 '자신을 끌어내리는 이야기가 아니라 다시 올라갈 수 있도록 하는 이야기', '심장을 다시 두근거리게 해주는 이야기' 그래서 '내가 품고 있는 씨앗'이 무엇인지 생각해보고 더듬어 본 뒤

물과 햇볕을 주고 북돋워서
꽃을 피울 수 있는 학교를 만들었습니다.

열정,

청춘의

진정한 이름

열정대학에 대하여

열정대학은 만들어진 커리큘럼에 내 몸과 마음을 맞춰야 하는 학교가 아니라, 내가 하고 싶은 것에 가장 적합한 커리큘럼을 스스로 만들어 나가는 학교입니다.

학생 스스로 '하고 싶고 잘할 수 있는 일'을 찾도록 도와줍니다.

하고 싶은 일을 하면서 살라는 충고는 있지만 '어떻게' 그 일을 찾아야 하는지 가르쳐주는 곳은 어디에도 없습니다.

열정대학은 그 '어떻게'에 집중합니다.
조금 더 '나답게' 살아갈 수 있는 방법을 탐구합니다.

정식 대학은 아니지만 소득, 사회적 지위 등에 관계없이 대한민국 20대가 자신이 하고 싶고, 잘할 수 있는 일을 찾아 자신만의 '유니크'한 삶을 살 수 있도록 돕습니다. 학비는 한 달에 2만 원입니다. 과목에 따라, 하고 싶은 일에 따라 조금 더 추가되기도 합니다. 한 학기는 3개월로 4학기까지 총 1년 과정입니다. 또 대한민국 '진로교육'을 위한 사회적 가치를 중심으로 운영됨과 동시에 이윤의 2/3를 사회에 환원하는 소셜벤처(사회혁신기업)입니다.
어떠세요? 다녀볼만한 대학 아닙니까?

학생들의 말입니다.
"내가 하니까 되는 구나, 내가 꿈꾸니까 이런 일도 생기는 구나, 하는 자신감이 많이 생겼어요."
"누가 또 이렇게 저를 응원해주겠습니까? 한 번도 못해봤는데 해보니까 정말 나를 믿어야겠구나 하는 생각이 들었어요."

이렇게 열정대학을 졸업한 청년들은 또 다른 누군가에게 같은 열정을 전파합니다.

한 사람의 변화가 또 다른 누군가에게
자연스럽게 퍼지는 것. 이 학교만의
'열정 바이러스'입니다.

열정대학

열정바이러스

변화의 시작

He says...

스티브잡스가 돼라. 빌게이츠가 돼라. 그래야지 성공하고 행복할 수 있다'라고 배웠잖아요. 그런데 다른 사람 흉내를 내면 행복해지지가 않더라고요. 거기에는 '내'가 빠져 있으니까요. 밖에서 안으로 들어오는 게 아니라 안에서 밖으로 나가는 삶을 살아야죠. 제 인생은요,

설레는 순간과 그 기억들의 합이에요.
저희 학생들도 그걸 알았으면 좋겠어요.

『열정 멘토 유덕수와 함께 자신만의 꿈과 인생을 찾고자 하는 20대를 위한 학교, 열정대학에 힘이 되고 싶다면 리틀 빅 히어로 홈페이지를 통해 '해피 빈 모금함 기부하기'를 링크시키면 된다. 링크로 조성된 기금은 20대를 위한 공존학교 〈열정대학〉의 후원금으로 사용될 예정이다.』

열정대학: www.passioncollege.com

그러던 어느 날, 운명 같은 손님이 악기점을
아 왔습니다. 인근 아동복지시설에서 악기를 주
하러 온 것입니다. 다 만든 악기를 배달해주기
해 그 시설을 처음 방문한 이후, 고장 난 악기
수리하거나 소모품을 교체하거나, 성장하는 이
들의 몸에 맞는 악기로 바꿔주기 위해서라도 자
관 복지 시설에 가야 할 일이 생기더랍니다. 그러
가 알게 된 사실은 적은 예산 때문에 아이들 모
가 악기를 가질 수 없다는 것, 하지만 어렵게
기를 받아 든 아이들의 눈빛은 분명 조금
따뜻해지고 있다는 것이었습니다. 내친 김
홍의현 씨는 더 많은 악기를 만들어 목포 인근
아동 복지 시설 3곳과 도서산간 오지의 학교 20
곳에 가져다주었습니다.

물론 애프터서비스도 잊지 않았습니다. 레슨
필요하다는 곳에는 자원봉사 해주실 선
님까지 수소문해서 연결해주었습니다.

10여 년간 소외된 아이들에게 1000여 대의 악기를 기부하다

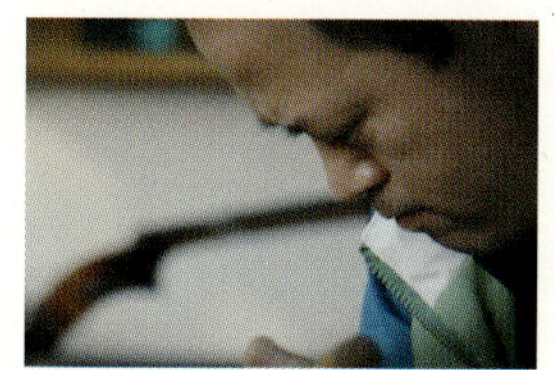

episode 14

꿈을 키워주는 악기장 홍의현

머리가 좋은 사람입니다.
180여 명이나 되는 단원들의 이름을 줄줄
외우고 있으니 말입니다.

게다가 성실하고 부지런하기까지 합니다.
일주일에 두 번, 연습 시간 전부터 나와 미리 준비하는
유일한 사람이니까요.

지난 10여 년간 1000여 대의 악기를 기부한 것으로도 모자라

아예 '초록우산 오케스트라'의
단무장으로 활약 중인 악기장,
홍의현은 그런 사람입니——다.

1975년 베네수엘라 엘 시스테마 오케스트라 탄생

미국 LA 필하모닉의 상임지휘자 구스타보 두다멜과 베를린 필하모닉 역대 최연소 오케스트라 단원 에릭슨 루이스 등을 배출한 베네수엘라의 엘 시스테마 오케스트라!

엘 시스테마(El Sistema)의 사전적 의미는 '시스템'. 스페인 말입니다만, 전 세계는 엘 시스테마라는 단어를 들을 때, 기적, 음악의 힘, 나아가 인간이라는 존재의 무한한 가능성을 떠올립니다. 엑 시스테마 덕에 마약과 폭력, 포르노, 총기 사고 등 각종 위험에 노출되어 있는 베네수엘라 빈민가의 아이들이 음악을 통해 미래를 꿈꾸게 되었고, 협동, 이해 , 질서 , 소속감, 책임감이라는 새로운 가치를 깨달아가고 있기 때문입니다.

그렇게 되기까지, 얼마나 많은 이들의
땀과 헌신이 뒷받침 돼 있었을지, 목포의 악기장
홍의현 씨를 보며 얼핏이나마 짐작하게 됩니다.

1972년 전남 신안군 지도에서 남아(男兒) 탄생

엘 시스테마가 베네수엘라 빈민가의 한 초라한 차고에서 11명의 소년 단원으로 시작한 건 1975년. 그보다 3년 앞선 1972년에 전라남도 신안군의 한 섬에서 남자아이가 태어났습니다.

부모님은 그의 이름을 홍의현이라 지었습니다.

건강하고 튼튼하게 자란 소년은 섬에서 중학교까지 다녔습니다. 고등학교 진학을 하려면 부모님 곁을 떠나 도시로 유학을 가야 하는데, 공부를 썩 잘하는 편도 아닌데다, 집안 형편도 그리 넉넉치 않아서 소년은 공부도 할 수 있고 일도 가르쳐 준다는 직장을 찾아 서울로 떠났습니다. 마침 자리가 난 일터는 악기를 만드는 곳이었습니다.

밤에는 검정고시를 준비하며 열심히 악기 만드는 일을 배웠습니다.

1988년 서울 올림픽이 열리던 무렵,

TV를 보다가 오케스트라의 연주를 보게 됐습니다.

소년은 그때 처음 알았답니다.

자신이 만드는 악기가 어떻게 쓰이는지.

그 악기에서 나는 소리들이
얼마나 아름답게 어우러지는지 말입니다.

1997년 목포 최초의 악기점을 내기까지

소년은 정말 최선을 다해 살았습니다. 그 덕분이었을까요?

소년이 어른이 돼서 만든 악기는 조금씩 주위의

인정을 받기 시작했고, 그가 만든 목포 최초의 악기점은

소위 '대박'이 났답니다. 행복한 나날이 이어졌습니다.

결혼도 하고 아이도 생겼습니다.

악기를 파는 사람에서 기부하는 사람으로

그러던 어느 날, 운명 같은 손님이 그의 악기점을 찾아왔습니다. 인근 아동복지시설에서 악기를 주문하러 온 것입니다. 다 만든 악기를 배달해주기 위해 그 시설을 처음 방문한 이후, 고장 난 악기를 수리하거나, 소모품을 교체하거나, 성장하는 아이들의 몸에 맞는 악기로 바꿔주기 위해서라도 자꾸만 복지시설에 가야 할 일이 생기더랍니다. 그러다가 알게 된 사실은 적은 예산 때문에 아이들 모두가 악기를 가질 수 없다는 것, 하지만

어렵게 악기를 받아 든 아이들의 눈빛은 분명 조금씩 따뜻해지고 있다는 것이었습니다.

"겨울이었어요. 눈도 내리고 엄청 추운 날인데, 애들이 나와서 기다리고 있더라고요. 한두 번도 아니고 왜 나와 있냐고 들어가라고 했는데, 지금 악기 선생님 올 시간이라 기다린다고 하더라고요.

참 그게 저는… 그때 받았던 느낌이 아직도 생생해요. 악기를 배우려고 그 추운데 나와 있다는 자체가 저는 너무 감동이었어요. 그래서 아, 정말 내가 하는 일이 보람 있었구나… 했죠.

아직도 그때 그 느낌을 잊을 수가 없어요."

내친 김에 홍의현 씨는 더 많은 악기를 만들어 목포 인근의 아동 복지 시설 3곳과 도서산간 오지의 학교 20여 곳에 가져다주었습니다.

물론 '애프터서비스'도 잊지 않았습니다.

레슨이 필요하다는 곳에는 자원봉사 해주실 선생님까지 수소문해서 연결해주었습니다.

그렇게 10여 년의 세월이 흘렀습니다.
그동안 기부한 악기만도 1000대가 넘는답니다.

180명 단원의 이름을 모두 기억하는 유일한 사람

홍의현이란 이름과 그의 기부활동이 한 어린이 재단의 귀에도 들어가게 됐습니다. 베네수엘라의 엘 시스테마 오케스트라를 한국에도 만들고 싶었던 재단 관계자가 홍의현 씨를 찾아오게 되었습니다.

그렇게 만들어진 것이 초록우산오케스트라입니다.

목포 아동복지시설과 차상위 계층 자녀 30여 명으로 시작된 오케스트라는 3년째 되는 올해 180여 명 규모로 성장했습니다.
물론 이 오케스트라 단원들의 악기는 홍의현 씨가 직접 만들어 기부한 것이 대부분입니다.

홍의현 씨는 악기 기부를 넘어 이 오케스트라의 단무장으로도 활동하고 있습니다.

단무장은 합창단의 운영에 관한 전반적인 업무를 처리하는 분입니다.
홍의현 단무장은 일주일에 두 번, 180명의 아이들이 모여 연습을 하는 날이면 제일 먼저 연습 장소에 나와 주변 정리를 마치고 아이들을 맞이합니다.
도착하는 아이들 이름을 하나하나 불러주며 인사를 하고 재잘대는 아이들을 조용히시키는 것도 단무장의 몫입니다.
대부분이 초등학생이라 산만하고 시끄럽기가 이루 말할 수 없지만, 홍의현 단무장의 표정 하나 손짓 하나에 단속이 되고는 합니다.
베네수엘라의 엘 시스테마 오케스트라를 목표로 전 세계에서 참으로 많은 청소년 오케스트라가 만들어졌습니다.
그러나 초록우산 오케스트라처럼 악기를 직접 만들어 기부한 이가 단무장으로 활약하는 곳은

전 세계적으로 단 하나!
이곳밖에 없습니다.

홍의현, 그의 악기점에서는 매일 저녁 음악소리가 흘러나옵니다. 악기점의 음악? 너무 당연한 일이라고요? 사실 홍의현 씨는 악기를 만들 줄은 알아도 연주할 줄은 모릅니다. 악기를 연주하는 이는 홍의현 씨가 아닙니다.

그의 악기점 지하실은 저녁마다 주인이 바뀝니다.

첼로와 바이올린을 연주하는 가영이, 신영이 자매는 몇 년 전까지만 해도, 빠듯한 살림살이 탓에 풍부한 음악적 재능을 살리고 싶어도 엄두를 내지 못했습니다. 그러나 홍의현 씨를 만나고 난 뒤, 두 자매는 악기를 기증받고, 홍의현 씨의 주선으로 레슨비를 후원하는 독지가를 만나게 되어서 이제 음악인의 길을 한 단계씩 밟아나가고 있습니다. 두 자매는 또 마음껏 연습할 수 있는 공간도 얻었습니다. 바로 홍의현 씨의 악기점 지하 연습실입니다.
가영이 신영이 자매 외에 이 연습실을 제 집 드나들 듯 오가는 소년이 한 명 더 있습니다.
첼로 연주가 참 재미있다는 소년의 이름은 민호. 드러내놓고 말은 안 하지만, 민호는 첼로 실력을 갈고 닦아 이다음에 유명한 연주가가 되면 어린 시절 헤어진 엄마가 자신을 찾아올지도 모른다는 희망을 품고 있습니다.

연습실을 먼저 제공하겠다고 한 사람은 홍의현 씨였습니다. 신영이, 가영이 자매 그리고 민호 모두 초록우산어린이재단 '인재양성프로그램'의 후원을 받고 있는데, 연습실이 없어서 재능을 연마하지 못한다면 아이들 스스로에게도 안된 노릇이거니와 인재양성 프로그램의 후원을 받을 수 있는 기회를 놓친, 또 다른 아이들에게도 못 할 짓이라는 판단이 섰기 때문입니다.

더군다나 부모님과 함께 살지 않는 민호에게는 옆에서 다잡아줄 수 있는 어른이 필요하겠다는 생각에 감시자 혹은 잔소리꾼 역할까지 자처하고 나섰습니다.

어쩌다가 저녁 약속이라도 잡히는 날엔 홍의현 씨 혼자 좌불안석입니다. 감시자이자 잔소리꾼이 없는 저녁에 과연 민호가 연습량을 혼자 소화해낼 수 있을까 싶어 서둘러 자리를 파하고는 악기점으로 향하기도 합니다.

오늘 저녁에도 그의 악기점에서는
내일을 꿈꾸는 아이들의 악기 소리가
여지없이 흘러나오겠지요.

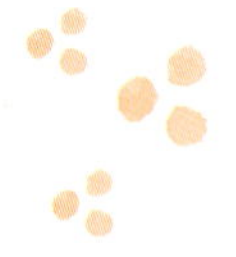

He says...

우리 집사람이 그러는데 오케스트라 연습에 갔다 오는 날에는 제가 좀 달라진대요. 집에 돌아와서도 빙글빙글 웃으며 이야기 하는 얼굴이 아주 좋대요. 뭐가 달라 이 사람아? 하고 내가 물어보니까 거기 다녀오는 날이면 항상 즐거워 하고 행복해 하는 것 같대요.

그런 것 때문에
저도 이 일을 하는 것 같아요.
저도 모르게.

『"아이들에게 악기를 기부하는 건 나의 재능으로 누릴 수 있는 최대의 행복이다."
라고 말하는 홍의현 히어로.
그가 직접 만든 악기를 기부하고 단무장으로 활약하는 곳은 초록우산오케스트라(전남지역본부)다. 홍의현 히어로의 '꿈 키우기'에 동참하고 싶은 분들은 초록우산어린이재단과의 만남을 권유한다.』

초록우산 어린이재단: 1588-1940 www.childfund.or.kr
홍현악기: http://www.honghyun.kr/

간경화로 생사의 기로에 섰었습니다. 자
의 삶이 다시 보이더랍니다. 오로지 나와
가족만을 위해 살았던 지난 시간, 이미 흘러간
을 돌이킬 수 없다면, 이제 덤으로 얻은 시간민
은 다른 이들을 위해 써야겠다고, 그것이 내 이
들에게 부끄럽지 않은 삶이라 여기게 됐답니다.
생의 취미였던 사진기를 들었습니다. 같은
동에서 병마와 싸우던 암환자에게 사진기를 들
갰을 때 많은 이들이 고개를 내저었습니다. 좋
얼굴도 아닌데 남겨 무엇 하나며 성을 내는 이들
있었습니다. 그러나 김완철 씨는 지금 이 순간의
치가 얼마나 소중한 것인지, 웃을 수만 있다면
금 이 순간의 얼굴이 얼마나 아름다운지 그의
진으로 증명해보였습니다. 자신의 사진을 보
기뻐하는 환자들을 보면서 김완철 씨는
스로가 더 많은 기쁨을 누리고 있음을 빌
합니다.

암환자들에게 행복한 사진을 선물하는 '포토테라피스트'가 되다

episode 15

삶의 마지막 추억을 선물하는 사진사 김완철

영정사진을

행복사진이라 부르는 사람.

암 환자들을

순식간에 '연예인'으로 만들어주는 사람.

죽어가는 시간을

'빛나는 한때'로 기억하게 해주는 사람이 있습니다.

그 또한 죽음의 위기를 겪은 뒤,
암환자들을 위해 사진을 찍어주는
포토 테라피스트 김완철입니—다.

모든 생명에는 끝이 있습니다.

산다는 것은 죽음을 향해 나아가는 발걸음이기도 합니다.

그러나 살아 있는 동안 많은 이들이 죽음은 나와 멀리 있는 것, 되도록 회피하고 싶은 것으로 여깁니다. 그래서 죽음과 연관된 것은 어둡고 무섭다고 느낍니다. 그런데 죽음 근처에 다녀온 이들은 한결같이 삶의 아름다움과 소중함을 소리 높여 이야기합니다.

죽음의 존재, 즉 삶의 유한함이야말로 우리에게
허락된 시간을 의미 있고
값지게 보내야 하는 이유라면서요.

김완철 씨도 그랬습니다. 간경화로 생사의 기로에 섰었는데 그때 자신의 삶이 다시 보이더랍니다.

오로지 나와 내 가족만을 위해 살았던 지난 시간, 이미 흘러간 것을 돌이킬 수 없다면,

이제 덤으로 얻은 시간만큼은 다른 이들을 위해 써야겠다고, 그것이 내 아이들에게 부끄럽지 않은 삶이라 여기게 됐답니다.

평생의 취미였던 사진기를 들었습니다.
같은 병동에서 병마와 싸우던 암환자에게 사진기를 들이댔을 때 많은 이들이 고개를 내저었습니다. 좋은 얼굴도 아닌데 남겨 무엇하냐며 성을 내는 이들도 있었습니다.

그러나 김완철 씨는 지금 이 순간의 가치가 얼마나 소중한 것인지, 웃을 수만 있다면 지금 이 순간의 얼굴이 얼마나 아름다운지 그의 사진으로 증명해보였습니다.
김완철 씨의 사진기 앞에서 환한 미소를 짓는 환자들이 조금씩 늘어갔습니다.

웃음은 그 어떤 화장보다 환자들을 아름답게 가꾸어주었습니다.

자신의 사진을 보고 기뻐하는 환자들을 보면서

김완철 씨는 스스로가 더 많은 기쁨을 누리고 있음을 발견합니다.

사진 한 장으로 얻는 기쁨!

그것을 김완철 씨는 '포토 테라피'라 이름 붙였습니다.

그의 사진을 영정으로 삼는 환자들도 생겼습니다.

'준비 없이 황망하게 세상과 이별하면서 변변한 사진 한 장 남겨놓지 못한 이들에 비해, 이렇게 환한 얼굴을 보일 수 있어 있어 얼마나 다행인지 모르겠다'라며 고마워하는 이들입니다.

김완철 씨는 또 영정사진을 '행복사진'이라 이름 붙였습니다.

어머니 뱃속에서 나와 인연을 맺었던 사람, 자연, 시간들에 감사하며 한 세월 잘 살았노라 성숙한 자세로 삶을 정리하는 이들이 그에게 '행복사진'을 부탁합니다. 우리가 사는 세상 한구석에는 자신의 생명을 이렇게 마무리하는 이들이 있습니다.

당신은… 당신의 영정에 어떤 표정이 담겨지길 바라십니까?

'포토 테라피스트' 김완철

테라피(therapy). 치료 혹은 요법을 뜻하는 단어로 우리나라에서는 1990년대 초반에 '아로마테라피'가 도입되면서 알려진 말입니다. 이후, 컬러테라피, 뮤직테라피, 댄스테라피, 여행테라피… 등 사람들의 정서를 안정시키고 스트레스 치유에 도움이 될 만한 것들에는 유행처럼 '테라피'라는 말이 붙었습니다.

김완철 씨는 스스로를 가리켜 '포토 테라피스트'라 부릅니다.

사진을 통해 누군가를 행복하게 만든다는 자부심에서 비롯됐을 겁니다. 여기서 누군가는 암병동에서 투병 중인 환자들을 이릅니다. 김완철 씨는 그들에게서 가장 환한 미소를 끌어내려고 온갖 방법을 동원하곤 합니다.

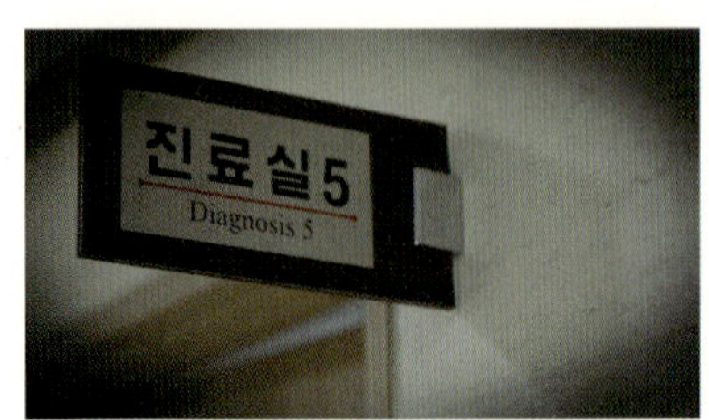

"고사상에 올리는 돼지조차 웃고 있는 게 더 비싸다고 하잖아요. 웃는 모습은 다 예쁘더라고요.

웃는 모습을 이끌어내기가 힘들지만 그 모습을 포착하려는 이유도 바로 치유가 목적이지요."

누구나 죽는 거잖아요

암으로 인한 고통과 싸워 나가는 환자들로부터 어떻게든 행복한 표정을 포착하려 애쓰는 데는 그만의 아픈 기억이 있어서입니다.

어린 소년을 무던히 사랑해주시던 할아버지가 영영 떠나던 날.
소년은 할아버지의 영정사진을 보고 그만 울어버렸습니다.
그 좋던 할아버지의 얼굴이 아니었습니다.
사진기 앞에서 그저 무표정으로 일관했던 옛날 어르신들의 관습이 어린 소년을 울리고야 만 것입니다. 표정 없이 무서워 보이는 할아버지의 영정사진을 집에 둘 엄두가 안 났습니다.

"누구나 죽는 거잖아요. 행복한 모습의 사진이 걸려 있다면 남은 유가족들 역시 슬픔보다도 고인과의 추억을 생각할 수도 있고, 또 그런 사진은 집에 걸어 놔도 좋을 것 같아요.

제가 어떻게 해서든 환자들에게 웃음을 끌어내려고 하는 또 하나의 이유예요."

지금 이 순간, 살아 있다는 것에 감사하는 암투병 환자들이 포토 테라피스트 김완철 씨에게 말합니다.

"사진 찍는 그 순간에는 내가 공주가 된 기분?
모델이 된 기분? 그런 느낌이 좋았어요. 고마워요."

"투병생활하면서 나는 나대로 어려웠지만,
이 하루하루가 굉장히 절실하고 또 이 속에서 참 값진
보석들을 많이 주워 담고 있어요.

이런 내 모습을 우리 식구들한테 마지막으로 남길 수 있다는 게 참 좋아요"

그리고 순간순간의 고통과 절망에도 잘 버티고 있는 자기 자신에게 말합니다.

"그동안 살아오느라 얼마나 수고가 많았니. 고마워. 감사해. 앞으로도 잘 지내보자. 나는 네가 이 세상에서 가장 좋아. 사랑한다."

이것이 포토 테라피스트 김완철,

그가 별다른 수입도 없이 암병동을 돌며

환자들에게 사진기를 들이대는 이유입니다.

누군가의
마지막이
행복하도록

나는 네가 세상에서

가장 좋아,

사랑해.

He says...

환자들에게 기쁨을 줄 수 있다는 것이
나를 실제적으로 치유한 게 아닌가 싶어요.
저도 아파봤기 때문에 알아요.
제가 환우들한테 늘 하는 말이 있어요,

"우리는 내일이 아니라 지금 행복해야 한다.
순간순간이 얼마나 소중한 것인지를 알아야 한다."

『희망 사진사 김완철과 함께 암 환우에게 희망을 전하는 일에 기여하고 싶다면 리틀 빅 히어로 홈페이지를 통해 '해피 빈 모금함 기부하기'를 링크시키면 된다. 링크로 조성된 기금은 〈암 환우를 위한 행복스튜디오 건립〉의 후원금으로 사용될 예정이다.』

자장면 한 그릇, 풀빵 하나를 먹고 싶어
한 달에 한 번 어머니가 뭍으로 장에 가시는
날을 기다려야 했던 소년 김은남. 그는 고등학교
진학하면서 비로소 순천이라는 대도시로 나올
있었습니다. 챙겨주는 사람 하나 없이 혼자
밥 해 먹으며 학교를 다니는 게 그에겐 쉽지 않
문제였습니다. 휘황찬란한 도심지의 불빛에 그
정신을 빼앗겼고, 어느새 '문제아'가 되어버린 자
을 발견했답니다. 어찌어찌 학교는 졸업했지만,
가 갈 수 있는 직장은 오토바이 판매·수리점이
일했습니다. 그래도 넉넉한 사장님 품에서 기름
먹어 가며 기술을 배워 어엿한 청년으로 성장했
니다. 군대를 다녀오고 차곡차곡 모은 돈으로
토바이 매장 하나를 차렸고, 누구보다 성실히 가
를 꾸려 나갔지만, 그의 마음속엔 항상 손
기름 묻히지 않고 살 수 있는 일이 생겼으
좋겠다, 라는 희망이 있었답니다.

홀로 저녁을 먹는 이웃 아이들에게 무료 치킨을 배달하다

episode 16

치킨집 사장님의 저녁 7시 김은남

그는

30대 초반의 미혼 남성입니다.

학교를 졸업한 뒤로 부모님께 용돈 한 번 받지 않고

오직 혼자 힘으로 치킨 가게를 열었습니다.

그는

오토바이 몰고 치킨을 배달하러 갈 때마다

빨간 돼지저금통에 500원씩 저금을 합니다.

'착한 일'에 쓸 기금입니다.

또 홀로 저녁을 챙겨 먹는 이웃 동네 30여 명의 아이들을 위해서라면

아무리 바쁜 시간이라도 기꺼이 무료 치킨 배달에 돌입합니다.

이제 막 '착한 일'을 시작한 초짜 히어로!

그는 대한민국의 건실한 청년, 김은남입니——다.

저녁 7시

어린이집이 문을 닫는 시간에 늦지 않기 위해 달려가는 워킹맘의 저녁 7시.

모처럼 예매해 놓은 공연장에 지금 막 들어선 저녁 7시.

'칼 퇴근'을 감행하고 보글보글 된장찌개가 놓인 식탁에 오백년(?)만에 앉아 보는 어느 가장의 저녁 7시.

놓치기 아까운 저녁 7시'들'이 세상에는 얼마나 많고도 많은지요.

그리고 여기, 슬슬 저녁 주문이 몰려들기 시작하는 치킨집의 저녁 7시가 있습니다.

김은남 씨는 하루 중 이 시간을 가장 좋아합니다.

그는 치킨집 사장입니다. 퇴근한 손님들의 발길이 이어지고, 저녁 주문 전화도 들어오기 시작하는 저녁 7시가 그에게는 정말 좋은 시간입니다.

시골 문제아의 희망 삼매경

자장면 한 그릇, 풀빵 하나를 먹고 싶어도 한 달에 한 번 어머니가 뭍으로 장에 가시는 그날을 기다려야 했던 소년 김은남. 그는 고등학교에 진학하면서 비로소 순천이라는 대도시로 나올 수 있었습니다. 챙겨주는 사람 하나 없이 혼자서 밥을 해 먹으며 학교를 다니는 게 그에겐 쉽지 않은 문제였습니다. 휘황찬란한 도시의 불빛에 그는 정신을 빼앗겼고, 어느새 '문제아'가 되어버린 자신을 발견했답니다. 어찌어찌 학교는 졸업했지만, 그가 갈 수 있는 직장은 오토바이 판매·수리점이 유일했습니다. 그래도 넉넉한 사장님 품에서 기름밥 먹어 가며 기술을 배워 어엿한 청년으로 성장했습니다. 군대를 다녀오고 차곡차곡 모은 돈으로 오토바이 매장 하나를 차렸고 누구보다 성실히 가게를 꾸려나갔지만, 그의 마음속엔 항상 손에 기름 묻히지 않고 살 수 있는 일이 생겼으면 좋겠다, 라는 희망이 있었답니다.

그리고 그는 삼십대가 되어서야 비로소 희망을 이루었습니다.

김 사장의 착한 약속

치킨집은 '대박'까지는 아니어도 무리 없이
자리를 잡아 나가고 있답니다.
물론 그의 형편은 남을 돕고 살만큼 풍족하진 않습니다.
집도 없고, 언제 가게 매출이 떨어질지 모르고, 아직 결혼도 못했습니다.
부모님께 용돈도 덥석 안기지 못합니다.

그런 그가 저녁 7시가 되면 가게도 내버려두고 다른 일에 몰두합니다.

바쁜 시간대, 사장님이 자리를 비우는데도 직원들은 싫은 내색을 하지 않습니다. 물어보니 착한 약속 때문이라며 빙글빙글 웃기만 합니다.

오늘도
신나게
시작이다

김 사장의 착한 약속 하나!

배달을 나갈 때마다 저금통에 500원짜리 동전을 넣습니다.

사연인즉, 치킨 포장박스를 찾으러 인쇄소에 들렀는데, 거기서 '초록우산어린이재단'의 홍보 스티커를 보았답니다. 두 번 생각할 것도 없이 그는 스티커에 새겨진 번호로 직접 전화를 걸어 자신이 도울 수 있을 만한 일이 있겠냐며 물어봤습니다.

어린이 재단에서 건네준 것이 바로 돼지저금통이었답니다.

그리고 그는 또 물었습니다.

내가 만든 치킨이 누군가에게 맛있는 저녁이 될 수 있다면 좋겠는데 방법이 있겠느냐고요. 재단 측에서는 동사무소와 상의해볼 것을 권했습니다. 그날부터 김은남 씨는 인근 동사무소 3곳을 방문해 30여 곳이 넘는 연락처를 받았습니다(물론 동사무소에서 먼저 김은남 씨의 의도를 집집마다 알려주고 허락을 얻은 곳들입니다).

김 사장의 착한 약속 둘!

오후가 되면 동사무소에서 얻은 연락처로 전화를 걸어 "오늘 치킨을 배달해도 될까요?"하고 물어본 뒤, 시간 약속을 합니다. 시간은 저마

다 제각각 입니다. 누구는 학원수업이 끝나는 저녁 10시, 누구는 지금 당장,

그리고 누구는 하필이면 바빠지기 시작하는 저녁 7시!

그래도 어쩌겠습니까?
받는 사람 마음을 불편하게 한다면
착한 일이 다 무슨 소용이 있겠냐며
김은남 씨는 닭을 튀깁니다.

집집마다 다녀보니, 먹고 살기 바쁜 부모님을 둔 탓에 스스로 저녁끼니를 해결해야 하는 아이들, 조부모와 함께 사는 아이들, 그리고 고등학교 때 그가 그랬던 것처럼 혼자 사는 아이들까지 두루두루 만납니다. 세상이 무섭다보니 쉽게 문을 열어주지 않는 여학생도 있습니다. 하지만 그는 묵묵히 자신의 약속을 실천하고 있습니다.

"하고 보니까 마음이 편하고 좋더라고요. 아 진작 하는 건데…"

김은남, 그의 저녁 7시는 세상 사는 맛이 이런 거구나, 하고 음미하는 시간입니다.

당신의 저녁 7시는 어떻게 흘러가고 있습니까?

성선설(性善說)이 맞나 봅니다

세계적인 경제 불황은 아시아의 작은 나라 대한민국에도 불어닥쳤습니다. 특히 자영업자들의 생존률은 말하기가 민망할 정도입니다.
통계청 자료에 따르면 지난 2004~2008년 동안 연평균 61만 개의 사업체가 생겨났고, 이 중 32만 개가 사라졌습니다. 신규 사업체의 평균 생존율을 보면 1년이 72.6%, 2년 56.5%이며 3년째가 되면 46.4%까지 전체의 절반 미만으로 뚝 떨어집니다.
오늘도 동네 골목 어딘가에서는 미용실, 프렌차이즈 빵집, 치킨집들이 문을 열었다가 어느새 사라지는 모양새가 계속되고 있습니다.
이제 갓 서른을 넘긴 김은남 씨도 치킨집을 열었습니다.
운이 좋아서일까요? 2년이 넘었지만, 아직 그의 치킨집은 건재합니다.
치킨집은 그의 모든 것이라 해도 과언이 아닙니다. 그런 그가 2012년 10월부터 착한 일들을 해오고 있습니다.

이게 다 지난 봄 생긴 사고 때문입니다. 그의 치킨집에서 아르바이트를 하던 대학생 두 명이 집으로 가는 길에 교통사고를 당해 한 명은 유명을 달리하고, 한 명은 꽤나 긴 시간 병원 신세를 져야 했습니다.
누구보다 꿈 많고 부지런했던 아르바이트 학생의 죽음은 김은남 씨로 하여금 많은 생각을 하게 만들었답니다.

"하루에 많이 자면 다섯 시간, 적게 자면 세 시간을 자요.
이렇게 살다가 갑자기 내가 봉변을 당하면, 태어나서 고생만 하다가 가는 건데 너무 억울하잖아요. 뭔가는 해놓고 가야 되는데. 해놓은 게 하나도 없어요. 지금 당장 내가 할 수 있는 일이 뭘까 하고 생각해보니까

저녁 잘 못 챙겨 먹는 애들을 위해서 치킨 배달해 주는 일이 떠오르더라고요"

그런데, 그가 '착한 일'을 시작하면서 닭을 가져다주는 사장님, 음료수를 공급하는 사장님, 프랜차이즈 본사에 함께 동참해줄 것을 권했더니 두말 없이 OK! 하더랍니다. 치킨집에서 주방 일과 배달을 돕는 아르바이트생들도 김은남 씨의 '착한 일'에 적극 나서주었습니다.
따지고보면 본인은 이 일을 기획하고 네트워크를 구성하고 실행에 앞장섰을 뿐, 여러 사람이 거들어주지 않았으면 시나브로 사라졌을지도 모릅니다.
다들 살기 힘들다 아우성이어도 이 세상은 그래도 살아볼만 하다며 함박웃음을 지어줍니다.

김 사장도 왜 이 길을 가게 된 건지 본인도 잘 모르겠답니다. 그를 돕는 사람들도 마찬가지입니다. 밥을 먹듯 자연스럽게 시작하게 되었

다는군요.

**"이 다음에 돈 좀 벌고 나면 남도 도와야지…
하는데 그땐 늦습니다. 지금 안 하는데 그때 되면
하겠어요?"**

김 사장이 하는 일에 왜? 라는 질문은 없습니다.

He says...

힘들게 사는 친구들에게 내가 뭔가 해줄 수 있는 부분이 있었으면 좋겠다고 항상 생각했어요. 그래서 내가 없더라도 그들에게 남는 것이 조금이라도 있었으면 좋겠어요. 물질적인 것이 아니라 치킨을 먹을 때 느꼈던 행복 같은 거 말이에요.

그런 추억을 가지고 자란 아이들은 다른 사람들보다 나누는 마음을 조금 더 가지지 않을까요?

『고픈 배와 마음을 채워주는 따뜻함을 전하는 치킨집 주인, 김은남 히어로.
그가 운영하는 치킨집에서는 치킨 한 마리당 오백 원을 기부하여 가정 형편이 어려운 학생들에게 장학금을 후원하고 있다. 또 초록우산어린이재단과 함께 한 부모 가정, 차상위계층 등 결식아동에게 치킨을 무료로 전달하는 봉사를 하고 있다. 그와 함께 따뜻한 마음을 나누고 싶다면 리틀 빅 히어로 홈페이지를 통해 '해피빈 모금함 기부하기'를 링크시키면 된다. 후원금은 〈초록우산어린이재단의 결식아동돕기〉로 사용된다.』

초록우산어린이재단: 1588-1940 / www.childfuud.or.kr

그의 부친은 한국전쟁 후, 빨치산이 여전히 활
를 치는 지리산 자락의 한 초등학교 교장으로
진 부임했습니다. **부친은 싸리비를 만들고
토리를 주워 모아 장에 내다 파는 일로
짓돈을 만들었습니다.** 그 돈으로 제자들의
비를 댔습니다. 부친의 도움으로 상급학교에 진
하는 제자들이 많아질수록 집안 형편은 기울었
니다. 학교 갈 때 도시락도 못 쌀 지경이 되자,
린 박해성의 마음에 절대 교사는 되지 말아야겠
는 결심까지 섰답니다. **그런데 그 결심이 무
지는 일이 생겼습니다.** 부친의 도움으로 중학
를 졸업하고 낮에는 산업체에서, 밤에는 야간 고
학교에서 학업을 이어가는 제자들이 첫 월급을
다며 집으로 찾아오는 일이 잦았습니다. 스승인
친의 손을 부여잡고 함께 눈물 흘리며 감사의 말
전하는 제자들을 보면서, **어린 박해성의 마
이 조금씩 녹기 시작했습니다.**

가난 때문에 배움의 기회를 잃어가는 아이들에게
'무상 교육'을 실시하다

episode 17

가난을 희망으로 바꾸는 선생님 박해성

명색이 교장이지만,

그의 집무실은 운동장 한켠에 설치된 천막입니다.

교직에 투신하고 30년이 흘렀지만,

여전히 교육이 어렵다 말하시는 분입니다.

그는 지금도 '개천에서 용이 날 수 있다'라고
믿습니다.

가난이 아이들의 미래를 가로막지 못하게

1000여 명의 후원자들과 함께 흙 속의 진주들을 닦고 계시는 그는

지리산고등학교의 교장선생님 박해성입니다.

정말 이상한 광경 하나

"애들이 통곡을 합니다. 이 사회를 한탄하면서 나쁜 길로 빠질까 걱정스럽습니다."

지리산고등학교는 한 학년 정원이 스무 명에 불과합니다.
수업료와 기숙사비, 책값 심지어 병원비까지… 자고 먹고 공부하는데 드는 돈을 이 학교에서는 받지 않기 때문에 재정이 더 확보되지 않는 한, 소수의 학생들만 뽑을 수밖에 없는 사정이 있습니다.

그래서

지리산고등학교의 학생 선발 기준은 엄격합니다.

일단 집안이 어려워야 합니다. 전교 1등을 해도 여유 있는 집의 학생은 이 학교에 들어올 수 없습니다. 그래서 심층 면접에서의 결과가 가장 중요한 선발 기준이 됩니다. 그런데 심층 면접실의 풍경이란 여느 곳과 조금 다릅니다.
우리 집 가정형편이 이러저러해서 지리산고등학교를 지원하게 됐다는 이야기를 꺼내는 아이들. 그동안 눌러왔던 서러움과 억울함, 가난 때문에 고통받았던 순간이 한꺼번에 폭발이라도 하듯 터져나오는 그 모습이 참으로 애처롭습니다.

지원자들 대부분이 이 학교에 못 가면, 자신은 학업을 포기할 수밖에 없노라 애원합니다. 그러니 그런 아이들을 어쩔 수 없이 탈락시켜야 하는 선생님들의 마음이 편할 리가 없습니다.

어렵게 학업을 이어나간 학생들이 많았던 과거에는 1년에 한 번 눈물바다가 되는 졸업식이 있었습니다. 그리고 지리산고등학교에는
1년에 한 번 눈물바다로 변하는 신입생 면접 날이 있습니다.

"우리 학교가 언론에 보도되면 후원자가
좀 생기지 않을까 기대했었는데… 형편이 안 돼서
학교 못 가는 애들만 구름처럼 몰려 오더군요."

이상한 선생님, 이상한 학생들, 이상한 풍경이

공존하는 지리산고등학교입니다.

이상한 선생님

이상한 학생들

이상한 풍경

정말 이상한 광경 둘

지리산고등학교 교육의 가장 큰 목표 중 하나는 아이들의 인성을 닦는 것입니다. 그리고 그 방편으로 삼은 것이 바로 자원봉사입니다. 학생들은 점심시간을 이용해 인근 독거노인을 방문하는 일이 잦은데, 그중 몇몇은 점심급식으로 나온 과일을 품에 안고 달려가기도 합니다. 그 아이들의 심정을 박해성 선생님은 이렇게 표현합니다.

**"할머니를 찾아갈 때 가슴이 쿵쿵 뛴답니다.
돌아올 때도 너무 행복하답니다."**

학교에서 아이들에게 이런 행복감을 안겨주었던 때가 언제였던가요? 처음부터 학생들이 인근 마을 노인 찾아뵙기를 반겼던 건 아니라고 합니다. 그러나 한두 번 방문이 이어지고 노인들과의 관계가 형성되

면서, 누가 등을 떼미는 것도 아닌데 먼저 나서는 아이들이 생기더랍니다. 그도 그럴 것이 어떤 할머니는 학생들의 방문 날을 달력에 표시해 놓고 오매불망 기다리시기도 하고, 어떤 할머니는 떨어져 사는 자식들에게 커피 '열 통'을 사오라고 하신 뒤, 학생들이 갈 때마다 커다란 사발에 커피를 타주신답니다. 당신으로서는 최상의 대접을 하고 계신 셈입니다.

박해성 선생님은 학생들의 이런 모습이 싹이 되어 언젠가는 '나라를 바꿀 변화'가 되리라 굳게 믿고 있습니다.

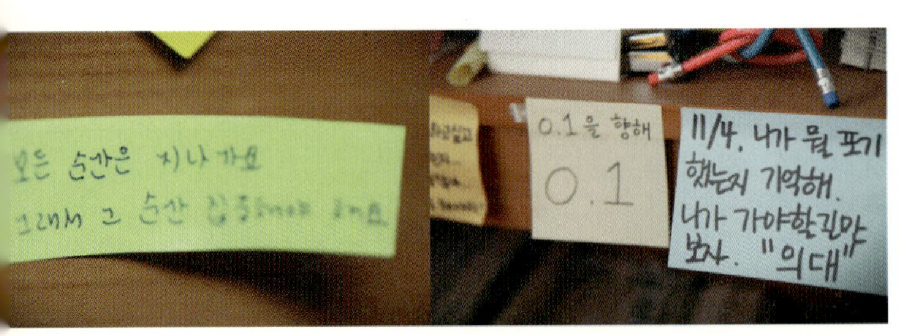

니가
뭘 포기했는지
기억해

정말 이상한 광경 셋

지리산고등학교가 있던 자리에는 본래 박해성 선생님의 모교인 백곡초등학교가 있었습니다. 학생 수가 줄어 폐교가 된 것을 사들여 지리산고등학교를 만든 것입니다.
학교를 세울 때, 오랜 세월 박해성 선생님을 지켜보고 인정해온 친구들과 후원자 700여 명이 그 길에 함께 서주었습니다.

그리고 그중에는...

중증장애로 나라에서 지원받는 30~40만 원의 돈에서 만원씩 떼어내 정기적으로 후원하시는 분도 있고, 이미 돌아가신 지 오래지만 지리산고등학교 후원금만큼은 끊지 말라는 유언을 남기신 분들도 더러 계시답니다.
지리산고등학교가 소유한 통장은 은행별로 하나씩 갖추다보니 10여 개가 넘습니다. 통장에는 1000여 명이 매달 보내는 후원금이 깨알같이 새겨져 있습니다. 대부분은 몇 만원 안팎의 소액후원금입니다.

세상에서 가장 아름다운 통장을 꼽아보라면 지리산고등학교의 후원금 통장도 당당히 그 반열에 들어갈 것입니다.

그분들 덕분에

나라도 못 구한다는 '가난'으로 배움을 포기할 지경에 이른

흙속의 진주들이 지리산고등학교에서

빛나는 인재로 커나가고 있습니다.

"애들한테 제가 입버릇처럼 하는 소리가 있습니다.
이겨내라... 고통을 받을 때 그걸 이겨내면
큰 사람이 된다. 이겨내지 못하면
조금만 바람이 불어도 탁 꺾이기 쉽다."

예전에는 아들 여럿 둔 어미를 부러워했지만, 요즘에는 측은지심이 앞선다는 이들이 많아졌습니다.
딸들에 비해 아들은 상대적으로 순하지도 않고, 어디로 튈지 모르며, 학업능력도 늦게 발현될 뿐 아니라, 결혼하면 내 아들이 아니라 며느리의 남편이 되고 말기 때문이랍니다.
녹록치 않은 아들 키우기로 진을 빼고 있는 여성이, 남편마저 눈 밖에 나는 행동을 일삼을 때 그의 입에서 나올 법한 말이 바로 '부전자전' 입니다.

그런데,

지리산고등학교의 박해성 교장선생님의 '부전자전'은 이 말의 참뜻을 되새겨보게 만듭니다.

그의 부친은 한국전쟁 이후, 빨치산이 여전히 활개를 치는 지리산 자락의 한 초등학교 교장으로 자진 부임했습니다.
화전민의 아이들이 중학교를 진학하기란 참으로 어려운 때였습니다.
부친은 싸리비를 만들고 도토리를 주워 모아 장에 내다 파는 일로 쌈

짓돈을 만들었습니다.

그 돈으로 제자들의 학비를 댔습니다. 부친의 도움으로 상급학교에 진학하는 제자들이 많아질수록 집안 형편은 기울었습니다. 학교 갈 때 도시락도 못 쌀 지경이 되자, 어린 박해성의 마음에 절대 교사는 되지 말아야겠다는 결심까지 섰답니다.

그런데 그 결심이 무너지는 일이 생겼습니다.

부친의 도움으로 중학교를 졸업하고 낮에는 산업체에서, 밤에는 야간 고등학교에서 학업을 이어가는 제자들이 첫 월급을 탔다며 집으로 찾아오는 일이 잦았습니다.

스승인 부친의 손을 부여잡고 함께
눈물 흘리며 감사의 말을 전하는 제자들을
보면서 어린 박해성의 마음이 조금씩
녹기 시작했습니다.

아들도 아버지의 뒤를 이어 교직에 투신합니다.

대한민국은 고도성장을 이루고 있을 때였지만, 여전히 가난에서 벗어나지 못한 아이들이 많았습니다.

아들 또한 아버지가 걸었던 길을 이어 걷게 됩니다.

'무상교육'이 사람들의 입에 회자되기 훨씬 전부터 아들은 무상교육을 실천할 수 있는 길을 찾았습니다.

그곳이 지리산고등학교입니다.

부전자전이란 말이 이렇게 쓰이니 참 듣기가 좋습니다.

아이들의

마음이 자라나는 곳

지리산고등학교

He says...

공부를 잘해도 진주, 인성이 좋아도 진주, 개성이 강한 것도 진주... 아이들은 모두 진주입니다. 가난 때문에 그 진주들이 묻혀서야 되겠습니까!
특별히 뛰어난 아이들도 있습니다.

그렇지만 평범한 아이도 잘 닦아주면
그 아이만의 빛이 납니다.
그걸 닦아주는 게 교육입니다.

잘난 사람들은 교만해지기 쉽습니다.
그렇지만 저처럼 무능하고 아는 것도 없는 사람은 뭔가를 해냈을 때 감사할 줄 압니다. 우리 애들도 그런 길을 가기를 원합니다.

『가난한 학생에게 배움의 기회를 주는 지리산고등학교 박해성 히어로.
그가 가는 길에 힘을 보태고 싶다면 리틀 빅 히어로 홈페이지를 통해 '해피 빈 모금함 기부하기'를 링크시키면 된다. 링크로 조성된 기금은 지리산고등학교의 후원금으로 사용될 예정이다.』

지리산고등학교: http://www.jirisan.hs.kr/

농촌은 인구는 적지만 관할 구역이 워낙 넓어
어떻게 순찰을 돌아야 하나, 하고 처음에는 좀
막하기도 했답니다. 그러던 어느 날이었습
다. 홀로 살고 계신 한 할머니를 만났습니다. 할
니의 유일한 가족은 장애를 안고 태어난 아들이
는데 요양원에서 생활하던 그 아들마저 저 세
로 떠나게 됐다는 이야기를 들었습니다. 할머니
게 남겨진 것은 집 앞 텃밭의 푸성귀뿐. 허리가
부라져 밭일도 잘 못하시는 할머니 대신 손영훈
터장은 모종도 심어주고 김도 매주었습니다. 가
이 됐습니다. 할머니의 텃밭에서 나는 결실
은 고스란히 손영훈 센터장에게로 쏟아
습니다. 할머니는 고추를 땄다며 함께 식사하자
청했고 텃밭에서 나는 온갖 것들이 상 위에 올
그를 기다리는 일이 잦아졌습니다. 뭐니뭐니해
세상에서 제일 맛없는 밥은 혼자 먹는 밥
겁니다.

매일 저녁 독거노인들과
밥상을 마주하는 색다른 '서비스'를 하다

episode 18

세상에서 가장 맛있는 밥상을 나누는 경찰 손영훈

밥심 [명사] – 밥을 먹고 나서 생긴 힘

'밥심'의 가치에 대해 생각해본적 있으십니까?

대화(對話) [명사] – 마주 대하여 이야기를 주고받음.

또는 그 이야기.

그러면 '대화'의 달인이 꼭 갖춰야 할 덕목은 무엇일까요?

그는 경찰입니다.

사람과 꾸준히 함께하는 '밥심'이 얼마나 큰 힘을 발휘하는지를,

사람과 '대화'하기 위해서는 반드시 '듣기'가

선행돼야 한다는 것을 누구보다 잘 알고 있습니다.

매일 저녁 독거노인과 밥상을 마주하는 그는

충남 당진 시 고대면 치안센터

손영훈 센터장입니——다.

고봉(高峯)을 마주 대하다

'고봉'이란 그릇에 음식을 담거나 곡식을 되질할 때 그릇의 전(물건의 위쪽 가장자리가 조금 넓적하게 된 부분) 위로 수북하게 담는 것을 말합니다.
우리 조상들은 왜 그렇게 밥을 높이 올렸던 걸까요?
밥 말고는 딱히 먹을 게 없어서였는지,
남긴 밥과 반찬으로 아랫사람들에게 '상물림'을 하기 위해서였는지,
그도 아니면 두 그릇 세 그릇 먹어야 할 머슴들의 염치없음을 배려해 한 그릇으로 끝내기 위한 것이었는지, 이유야 여러 가지겠습니다만,

20세기 초반까지만 하더라도 형편이 되는 한,
밥은 고봉으로 담아야 제격이었습니다.

그러나 오늘, 우리의 밥그릇은 점점 작아지고 있습니다.
밥보다 맛나게 여겨지는 음식들이 차고 넘치는 세상이니까요. 그래도 변하지 않은 것은 밥이 우리의 주식이란 사실입니다.
여전히 "식사하셨어요?", "밥은 먹고 다니나?"와 같은 말들이 세상살이의 '안녕'을 묻는 인사이니까요.

"혼자된 할머니들은 밥상 차려주는 기쁨을 잃은 지 오래되셨잖아요
제가 가면 고봉으로 밥을 푸세요.

할머니들과 함께 먹으면
거뜬히 먹을 수 있어요."

2013년, 충남 당진의 손영훈 센터장은 이 고봉밥을 두말없이 받아 드는 사람입니다.

그가 매일 저녁 마주하는 세상에서
가장 맛난 밥상 이야기는 이렇게 시작됐습니다.

세상에서

가장 맛난

밥상 이야기

손영훈 센터장이 경찰에 투신한 지 올 해로 21년!
3년 전까지는 도시가 그의 활동 영역이었습니다.
신고가 들어오면 출동을 해서 문제를 해결하고, 주기적으로 순찰을 도는 쳇바퀴 생활이 이어졌습니다.

그러다 3년 전부터 농촌 지역으로 발령이 났습니다.
난생 처음 주말 부부 생활도 시작됐습니다.

농촌은 인구는 적지만 관할 구역이 워낙 넓어서 어떻게 순찰을 돌아야 하나, 하고 처음에는 좀 막막하기도 했답니다.

그러던 어느 날이었습니다.

홀로 살고 계신 한 할머니를 만났습니다.
할머니의 유일한 가족은 장애를 안고 태어난 아들이었는데 요양원에서 생활하던 그 아들마저 저 세상으로 떠나게 됐다는 이야기를 들었습니다. 할머니에게 남겨진 것은 집 앞 텃밭의 푸성귀뿐.
허리가 꼬부라져 밭일도 잘 못하시는 할머니 대신 손영훈 센터장은 모종도 심어주고 김도 매드렸습니다.

가을이 됐습니다.

할머니의 텃밭에서 나는 결실들은 고스란히

손영훈 센터장에게로 쏟아졌습니다.

할머니는 고추를 땄다며 함께 식사하기를 청했고 텃밭에서 나는 온갖 것들이 상 위에 올라 그를 기다리는 일이 잦아졌습니다.

뭐니뭐니해도…

세상에서 제일 맛없는 밥은 혼자 먹는 밥일 것입니다.

그것도 매일, 혼자 먹을 수밖에 없는 상황이라면
끼니를 때우는 것 이외에 밥상에
무슨 의미를 담을 수 있겠습니까?

그래서였을 것입니다. 할머니와 마주하는 손영훈 센터장의 밥상 소문은 금방 동네에 퍼졌습니다. 오늘은 서산댁, 내일은 홍성댁, 모레는 태안댁…. 손영훈 센터장의 노트에 매일매일 저녁식사 약속이 채워지기 시작했습니다.

"아무리 맛있는 반찬 만들어 놔도 혼자 먹으면 맛이 없잖아요."

경찰이 매일 저녁, 마을에 나타나니 범죄율도 뚝 떨어지더랍니다. 손영훈 센터장은 허리가 굽은 할머니를 그냥 지나치지 못했을 뿐입니다. 그래서 그는 그저 맛나게 먹어주는 일만 하면 됐노라... 하고

대수롭지 않은 듯 말합니다.

물론 지난 번 들었던 이야기를 듣고, 듣고 또 들어야 하는 '불상사'가 간혹 생기지만 말입니다. 실제로 손영훈 센터장이 한 일은 진심을 담아 고개를 끄덕여주는 것, 졸음이 와도 내색하지 않는 것, 절대로 중간에 이야기를 끊지 않고 제때 맞장구를 쳐주는 것. 뭐 이 정도뿐이라고 합니다. 어찌보면 홀로된 어르신들에게는 이 사소한 일들이 가장 큰 힘이 될 수도 있겠지요. 30분, 때로 한 시간 가량을 듣다 보면 졸음이 몰려오기도 하지만

그래도 세상에서 가장 맛있는 이 밥상을 물릴 만큼은 아니라며 그는 오늘도 숟가락을 듭니다.

"아무 이야기도 안 하고 '네네' 하니까 들어줘서 고맙다고 하시면서 이렇게 잘 들어주는 사람은 처음이라고들 말하세요. 다른 물질적인 것보다 이렇게 끝까지 그분들의 이야기를 들어드리는 것을 진짜 고마워하시더라고요."

지금 손영훈 센터장이 근무하는 지역에는 손가락으로 다 꼽기도 어려울 만큼 수많은 어머니, 아버지가 곁에 계십니다.

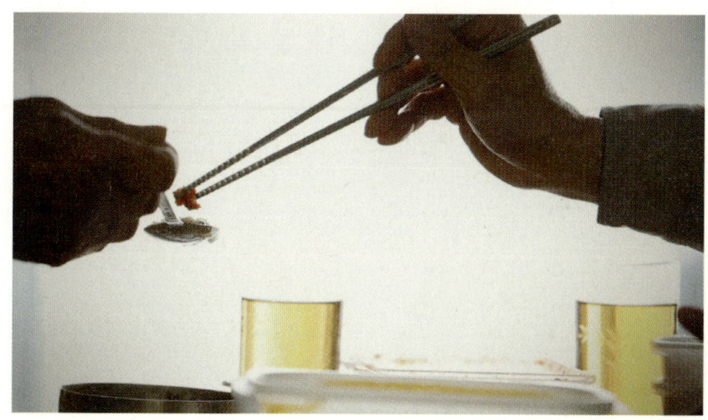

세상에서
가장 간단한
관심

세상에서

제일 맛있는

미소

He says...

제가 경찰관으로서 독거노인들을 보살펴야 한다는
생각으로 하면 이렇게 못 해요.

그냥 아버지 어머니다, 하는
마음으로 다가가려고 하지요.

그래야 그분들도 저를 더 친숙하게 대해주시고
저도 더 즐겁게 이 일을 할 수 있거든요.

『혼자 생활하시는 할머니, 할아버지의 마음을 어루만지고 활력을 찾아드리는 손영훈 히어로. 그의 활동에 응원을 보내고 싶다면 충남 고대치안센터로 연락을 하면 된다.』

충남 고대면 고대치안센터: 041-353-8112

수유시장 도서관에서 만난 이재권 관장은 이
쉰 고개를 살짝 넘었을 뿐인데, 그의 지난 세
을 듣다가, 곡절 많은 할머니 같다는 느
을 받았습니다. 사업하던 아버지가 식구들도
르게 홀로 밤에 도망간 사연, 대학 간 친구들이
러워 오기로 죽자 사자 책만 붙들었던 20대 초
의 치기, 고향 사투리 쓰는 게 부끄러워 말 한마
못하고 벙어리 냉가슴 앓았던 서울 생활, 그러
가 서울 공기가 답답해 무작정 반복했던 가출,
우 살만해지자 덜컥 누워 버리셔서 끝내 일어나
못한 아버지, 자의 반 타의 반으로 물려받은 서
한 켠 가게와 불어나기만 하던 빚까지. 어떻게
세월을 건넜을까. 듣는 사람은 지레 겁부
나지만, 이재권 관장은 말합니다. 닥치면
하게 돼 있다고.

시장상인들에게 인문학적 풍요를
선물하는 〈수유마을 작은도서관〉을 운영하다

episode 19

바람난 생선 가게 주인 이재권

마흔 아홉에
가슴을 설레게 하는 상대를 만났습니다.

일단 저지르고 말았습니다.
평생 그렇게 재미있는 일은 없었답니다.

그렇게 저지른 일에 박수를 쳐주는 이들이 꽤 많습니다.

그의 중년에 불을 지른 운명의 상대는 '책'.
그는 책들을 모아 도서관을 만들었습니다.

수유시장에서 생선을 팔고,
3년째 시장 도서관 관장을 맡아
활기찬 시장에 향기를 불어넣고 있는
이재권 씨입니——다.

낯선 궁합–시장과 도서관

수유시장은 지난 1960년대 문을 연 전통시장입니다. 1990년대 초반까지만 해도 수유시장은 서울 5대 전통시장에 들 만큼 규모도 크고 시장을 찾는 손님들로 북적대는 곳이었습니다.

아시다시피, 그 이후에는 여느 전통시장과 마찬가지로 쇠락의 길을 걷다가 리모델링도 단행하고, 정부의 전통시장 활성화 사업에도 참여하고, 무엇보다 시장을 살려보려는 상인들의 적극적 노력에 힘입어 활기를 되찾아가고 있습니다.

그중 눈에 띄는 것은
'수유마을 작은 도서관'입니다.

자고로 녹두전엔 돼지고기가 들어가야 맛이고 남자는 곁에 여자가 있어야 폼이 나죠. 세상 만물엔 어울리는 '궁합'이 따로 있습니다. 그런데 시장 한복판에 도서관이라… 궁합도 참 요상한 궁합이라 여기시는 분들도 계실 겁니다.

그러나 조금 살펴볼까요?

수유 시장은 점포만도 350여 개, 상인과 직원을 합해 1000여 명이 늘 상주해 있고, 유동인구가 하루 1만 3000여 명에 이르는 곳입니다. 도서관 이름 앞에 '마을'을 넣은 이유이기도 합니다. 도서관에는 시장을 찾은 손님들도 들르지만, 무엇보다 바쁜 와중에 시간을 내서 책을 보고자 하는 상인들이나 학교를 마치고 엄마 곁에 있고 싶어 하는 상인들의 어린 자녀들까지 이용객의 범위가 넓습니다.

"내가 도서관에서 빌려온 책을 집에서 읽고 있으면 뭐랄까… 애들이 아빠 보는 눈이 달라진다고 할까? 그래서인지, 손에서 책을 못 놓겠더라고요." _ **수유시장 내복 가게 아저씨**

"사실 책은 저희 입장에서는 사치죠. 그래도 만날 '얼마예요', '감사합니다' 그런 말만 반복하다가 5분이고 10분이고 책을 보다 보면 스트레스가 좀 풀리는 것 같아요." _ **수유시장 야채 가게 아줌마**

"장사하는 사람들은 바빠서 아이랑 도서관에 갈 시간도 없어요. 그런데 우리 애가 시장에 오면… 사실 시장은 애들 놀만한 데가 아니잖아요. 그나마 도서관이 생겨서 너무 좋아요." _ **수유시장 속옷 가게 아줌마**

수유마을 시장도서관의 이재권 관장이 매일 새벽 생선들을 점포에 진열해놓은 뒤, 숨 돌릴 사이도 없이 도서관에 올라와 검은 비닐봉지에 책을 넣고는 여기 저기 다니며 책을 배달하는 건 바로 그런 이유에서입니다.

도서관은

속옷 가게 아들 재영이에게는 놀이터로,

정육점 주인 내외에게는 가정교사로,

생선 가게 직원들에게는 카페로,

작가를 꿈꾸는 방앗간 아저씨에게는 자료실로,

시장 손님들에게는 문화적 혜택을 선물하는 보물창고로

그리고 도서관은

책만 보면 기운이 솟는다는
생선가게 주인이자 도서관장에겐 강장제로
오늘도 무럭무럭 자라고 있습니다.

살아온 내 인생 책으로 쓰면 대하소설이야!

할머니들을 만나서 속 깊은 이야기를 나누다보면 마지막에는 꼭 이런 말씀으로 맺음을 하십니다.

"아이구 말도 마. 내가 살아온 이야기를 소설로 쓰면 책 한 권으로는 모자라."

수유시장 도서관에서 만난 이재권 관장은 이제 쉰 고개를 살짝 넘었을 뿐인데, 그의 지난 세월을 듣다가 곡절 많은 할머니 같다는 느낌을 받았습니다.

사업하던 아버지가 식구들도 모르게 홀로 밤에 도망간 사연, 대학 간 친구들이 부러워 오기로 죽자 사자 책만 붙들었던 20대 초반의 치기, 고향 사투리 쓰는 게 부끄러워 말 한마디 못하고 벙어리 냉가슴 앓았던 서울 생활, 그러다가 서울 공기가 답답해 무작정 반복했던 가출, 겨우 살만해지자 덜컥 누워버리셔서 끝내 일어나지 못한 아버지,자의 반 타의 반으로 물려받은 시장 한 켠 가게와 불어나기만 하던 빚까지.

어떻게 그 세월을 건넜을까. 듣는 사람은 지레 겁부터 나지만, 이재권 관장은 말합니다.

닥치면 다 하게 돼 있다고.

시장에 도서관을 만들어보자는 아이디어가 그에게 '닥친' 것은 사십대 중반 이후의 일이었습니다. 죽집 주인과 주고받았던 '추천도서 목록'이 발단이었습니다.

내가 책을 읽고 느낀 재미를 다른 이들에게도 주고 싶다는 정말 소박한 이유가 씨앗이 됐습니다.

시장 상인회 사무실 한 켠의 죽은 공간이 눈에 들어 왔습니다.
온갖 잡동사니들을 치우고 난 뒤, 벽돌을 사다가 차곡차곡 쌓고
페인트 칠까지 손수 했습니다.
대체 도서관이란 어떻게 생겨 먹은 것인지 6개월에 걸쳐 전국 방방곡

곡을 찾아 다녔습니다.

책장을 사고, 책을 기증받고, 후원회를 만들었습니다.

번듯한 도서관이 수유시장 한복판에 생겼습니다.

'도서관을 만들다가 실패하면 어쩌지?'

하는 생각은 해 본 적이 없답니다.

'안 되면 내 서재로 삼지'라는

배수진을 쳐 놓았기 때문이랍니다.

도서관을 찾는 이가 하루에 열 명이 채 되지 않는 날도 있습니다.

그래도 꾸준히 책을 빌려 가는 상인들이 있고

시장을 찾은 손님들이 쉼터처럼 이용할 곳이 있다며 웃어줍니다.

'일단 저질러 놓고 보자'
'닥치면 다 하게 되어 있다'

세파를 몸으로 부딪치며 살아온 생선장수 이재권 사장의 과감한 실천이 시장 속 '작은 도서관'이라는 결실을 얻었습니다.

이제껏 잔머리 굴리며
많은 시간을 허비한 누군가는
조금 부끄러워지는
오늘입니다.

He says...

시장 안의 도서관이란 게 지금은 신기할지 모르지만 10년, 20년 지나면 자연스러워지겠죠. 그때까지 할 거예요.
책이라는 것이 개개인의 생각을 변화시켜주고 좀 풍요롭게 해주는 거 같아요. 상인들도 장사하면서 차근차근 책과 함께하다 보면, 그 새벽부터 밤늦게까지 돈에만 얽매이는 삶이 아니라 책도 생활의 일부가 되는 그런 삶이 되겠지요.

반평생을 시장 덕분에 살았어요.
저도 시장에 좀 내놔야죠.

『시장 한복판에 책의 향기를 불어 넣어주는 이재권 히어로.
후원금으로 운영되는 수유마을 시장 도서관에 힘을 보태고 싶다면 리틀 빅 히어로 홈페이지를 통해 '해피 빈 모금함 기부하기'를 링크시키면 된다. 링크로 조성된 기금은 〈수유 마을 시장 도서관〉의 책을 구입하는 데 사용될 예정이다.』

수유마을작은도서관 : http://cafe.naver.com/suyulibrary/503

10여 년 전 김영문 씨는 복지시설에 계신 어르
들에게 우연히 **자장면을 대접하게 됐는데**
찌나 좋아하시는지 매일 사드렸으면 좋겠다
생각이 들었답니다. 문제는 비용이었습니다. 자
면 스무 그릇 사드릴 돈으로 재료를 사서 직접
들면, 백 그릇이 나오겠다는 계산이 얼추 나왔습
다. **당장 동네 '중국집 형님'에게 부탁해 5**
월에 걸쳐 틈틈이 '자장면' 만드는 법을
웠습니다. 그러고는 시장을 돌며 자장면을 만
는 데 필요한 주방용품들을 구입했습니다. 얼마
나지 않아, 김영문 씨는 아내에게서 '작은집'이
겼냐는 추궁을 당했습니다. 아내에게 그간의 일
을 뒤늦게 설명하고 진심 어린 동의를 얻기까지
영문 씨는 몇 번이고 의심의 눈길을 받아야 했습
다. **그랬던 아내가 지금은 '착한 자장면'**
조에 가장 큰 협력자가 됐습니다.

10년째 독거노인과 시설 어린이들에게
세상에서 제일 맛있는 자장면을 배달하다

episode 20

착한 자장면 레시피

김영문

한 달 월급 120만 원 중

60만 원을 '착한 자장면' 재료로 쓰는 사람,

흔한 음식 자장면을
세상에서 가장 맛난 특별식으로 만들어주는 사람,

지난 10년간 75000 그릇의 자장면을 직접 만들어

거동이 불편한 어르신들과 복지시설 아동들에게
대접하는 사람.

바로, 김영문 씨입니——다.

김영문 씨는 원주의 한 복지관 운전기사입니다.
평소에는 바깥 출입이 어려운 분들을 위해 병원으로 약국으로 원주 시내를 돕니다.

그러다가 자장면 봉사 날이 잡히면 그의 행선지는 시장이 됩니다.

상인들도 그의 착한 자장면을 알고 있기에 넉넉히 덤을 챙겨주고, 정육점을 운영하는 형님 한 분은 자장면 소스 만드는 데 필요한 고기까지 듬뿍 선사해주시기도 합니다.

김영문 씨 착한 자장면의 주재료는 '덤'입니다.

그가 착한 일에 나선 것 또한, 젊은 시절 사기를 당해 벼랑 끝까지 내몰렸다 다시 돌아온 뒤, '덤으로 얻은 인생, 죽을 때까지 착한 일 하고 살자'는 결심 때문이었습니다.

그렇게 시작된 '착한 자장면'의 역사!

지금까지 뽑아낸 면발 길이를 곰곰이 따져보니 지구 두 바퀴를 돌고도 남습니다. 원가야 750원밖에 안 하지만, 좋은 재료 듬뿍 넣어 만들었으니 맛이야 두말할 것도 없겠지요. 그래도 7만 그릇 넘는 자장면을 대체 누가 그리도 맛나게 드신 걸까요.

알고보니, 김영문 씨의 착한 자장면 마케팅 포인트는 '생애 첫 고객을 노려라'입니다.

착한 자장면의
주재료는 덤!

"자장면 한 그릇을 대수롭지 않게 생각하는 사람도 있겠지만 없는 사람들에겐 소중한 음식이라고 생각해요.

힘든 사람들은 먹기 어려운 음식이잖아요. 특히 독거노인이나 복지시설에 계신 분들은 밖에 나와서 드시기 힘들죠."

지금은 어린이들이 손으로 꼽는 간식 리스트에서 빠졌겠지만, 자장면은 어려웠던 그 시절 얼마나 많은 이들에게 행복감을 안겨줬던 음식입니까! 김영문 씨가 굳이 자장면을 고집하는 이유 역시 그가 자장면 덕에 느꼈던 그 포만감과 따스함 때문이랍니다.

특히 복지시설에서 생활하는 어린이들 중에는 태어나서 처음으로 자장면을 맛본다며 연신 엄지 손가락을 치켜세우는 아이도 있었답니다.

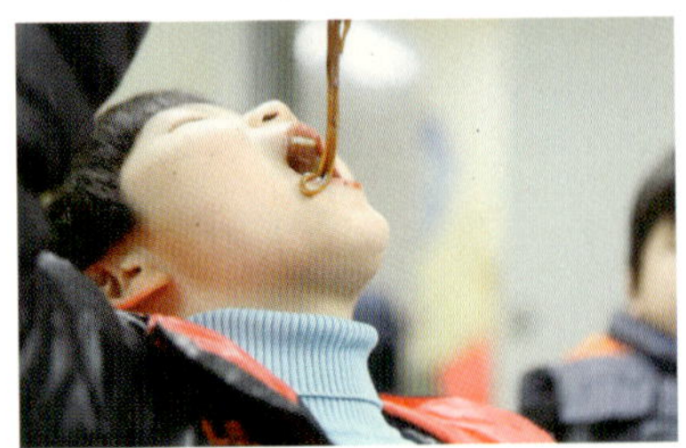

여전히 자장면은 세상에서 제일 맛있는 음식임을 그는 굳게 믿고 있습니다. 그렇지 않으면 한 달 월급 120만 원 중 60만 원이나 되는 거금을 '착한 자장면' 만드는 데 쏟아 부을 용기가 나겠습니까?

"돈을 많이 벌면 뭐합니까?
조금 벌더라도 짜임새 있게 어떻게 쓰느냐가
중요하죠. 의미 있게 만 원을 썼다면
그 사람은 행복한 사람입니다."

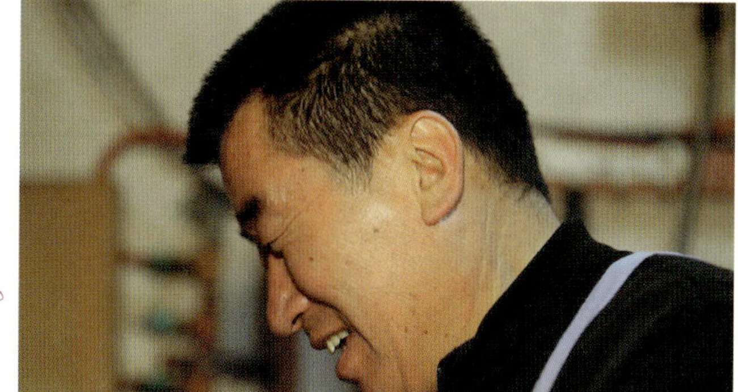

그 남자의 '작은집'

작은집은

따로 살림하는 아들이나 아우 그리고

작은 아버지의 집.

작은집은

'변소'를 완곡하게 이르거나

은어로,

'경찰서'를 뜻하는 말.

그리고 작은집은

첩(妾) 또는 첩의 집을 일컫습니다.

그 남자의

작은 집

착한 자장면을 만드는 김영문 씨가 세상에서 가장 소중히 여기는 사람은 아내입니다. 그 아내로부터 김영문 씨는 한때 '작은집'이 생겼냐며 추궁을 당한 적이 있습니다.

이야기는 이렇게 시작됩니다.

10여 년 전 김영문 씨는 시설에 계신 어르신들에게 우연히 자장면을 대접하게 됐는데 어찌나 좋아하시는지 매일 사드렸으면 좋겠다는 생각이 들었답니다. 문제는 비용이었습니다.
자장면 스무 그릇 사드릴 돈으로 재료를 사서 직접 만들면, 백 그릇이 나오겠다는 계산이 얼추 나왔습니다. 당장 동네 '중국집 형님'에게 부탁해 5개월에 걸쳐 틈틈이 '자장면' 만드는 법을 익혔습니다.

그러고는 시장을 돌며 자장면을 만드는 데 필요한 주방용품들을 구입했습니다. 프라이팬, 찜통, 국자, 그릇, 젓가락 등. 얼마 지나지 않아, 김영문 씨는 아내에게서 '작은집'이 생겼냐는 추궁을 당했습니다. 주방용품들을 구입하고 받은 영수증이 아내의 눈에 띄었던 것입니다.

아내에게 그간의 일들을 뒤늦게 설명하고 진심 어린 동의를 얻기까지 김영문 씨는 몇 번이고 의심의 눈길을 받아야 했습니다.

그랬던 아내가 지금은 '착한 자장면' 제조에
가장 큰 협력자가 됐습니다.

장을 봐온 야채를 다듬고 써는 일을 도맡기도 합니다만 한 달 월급 120만 원 중, 절반 가까이 되는 돈을 자장면 봉사에 써대도 잔소리를 하거나 눈을 흘기지 않는답니다.
남편 김영문 씨가 자장면 봉사를 시작하면서 너무나 많이 달라졌기 때문이랍니다.

젊어 한때, 술에 기대어 살면서
아내의 속을 어지간히도
썩였던 김영문 씨는 요즘 아내에게
'쓴 술' 대신 달콤한 '입술'을 선사합니다.

착한 자장면
내조의 여왕

한 마디 말을 건넬 때도 목소리를 높이기는커녕 아내를 웃게 만드는 농담을 즐겨합니다.
아내는 남편의 변화가 너무 반갑고 소중해서 남편이 가져다주는 돈의 액수에 연연해 하지 않기로 했답니다. 참 통 큰 아내입니다.

아내가 오해했던 남편의 '작은집'은

부부의 삶을 알콩달콩, 핑크빛 무드로 만들어 주었습니다.

그런 집이라면 세상 남자들에게 한번 권할 만도 하겠습니다.

착한 자장면이 빚은

알콩달콩

핑크빛 무드

He says...

한 사람이 열 사람 살리긴 어려워도 열 사람이 한 사람 살리긴 쉽대요.

예를 들어 이렇게 추울 때 혼자 있으면 36도지만,
둘이 끌어안으면 72도가 되잖아요.
어쩌다 가끔 주제도 모르고 봉사는 무슨 봉사냐는
이야기를 들을 때가 있어요.
그럼 어때요. 내가 즐거운데… 이제 버는 자랑을 하지 말고
쓰는 자랑을 했으면 합니다.

『세상에 없던 '착한 자장면'을 만든 김영문 히어로.
독거 노인과 복지시설 어린이들이 '세상에서 제일 맛있는 자장면'을 지금처럼 맛보길 원하신다면, 리틀 빅 히어로 홈페이지를 통해 '해피 빈 모금함 기부하기'를 링크하면 된다. 링크로 조성된 기금은 김영문 히어로가 얼마 전에 개업한 〈착한 자장면 가게〉의 후원금으로 사용될 예정이다.』

정보근 변호사가 나고 자란 곳은 대구의 변두 그 동네 사정이야 거기서 거기인지라 상 적 박탈감에 시달리지 않고 무사히 고교 졸 을 할 수 있었습니다. 그리고 대학에 들어갔을 가장 먼저 그를 사로잡은 동아리 활동이 '야학 었습니다. 배움의 시기를 놓치거나 집안 사정 문에 학교를 다니지 못하는 이들과 함께 부하며 대학시절의 절반 이상을 '야학'에 아부었습니다. 그 야학 활동의 최고 수혜자는 보근 변호사의 부모님이었습니다. 두 분 다 학교 제대로 다니지 못하셨는데, 야학 교사인 아들 수소문으로 인근 성당 야학에서 중학교·고등학 졸업장까지 당당히 취득하게 되신 겁니다. 그 모 을 옆에서 지켜보며 정보근 변호사는 '가난 때 에 배움의 기회를 놓치는 일이 생겨서는 되겠다'는 평소의 생각을 더욱 굳힐 수 있 다고 합니다.

돈 없이도 꿈을 펼칠 수 있도록
사회적 미술학원 '앨리'를 만들다

episode 21

괘씸한 변호사

정보근

'엘리'는 미술학원의 이름입니다.
이곳에는 30여 명에 가까운 미술학도들이
미래를 준비하고 있지요.

앨리 학생들에게는 키다리 아저씨가 있습니다.

그 아저씨는 한 달에 한 번쯤 맛있는 걸 사주거나
미술 전시회에 데려다줍니다.

사실 그는 변호사입니다.
앨리가 세든 공간의 보증금을 지불하고,
후원자를 모아 재료비를 충당하고,
운영진을 찾고,
학생들을 뽑아
앨리를 만든 사람입니다.

그는 괘씸한 변호사 정보근입니——다.

변호사 딴 짓(?)을 하다

"처음에는 숨겼습니다. 당연히 회사에서는 모르고 있었죠. 심지어 저와 같이 일하는 파트너도 몰랐습니다."

대체 이게 무슨 이야기일까요?

업무량 많기로야 둘째가면 서럽다는 변호사지만,

2년 전 정보근 변호사는 이상한 일을 꾸미기 시작했습니다.

심야 시간, 그것도 법률회사 고객으로는 보이지 않는 사람들과 회의를 하는 장면이 여러 차례 목격되기도 했습니다.

유난히 중고생들로 보이는 학생들의 방문이 잦아질 때쯤 그의 정체가 조금씩 드러나기 시작했습니다.

사실, 그는

사회적 기업에 필적하는 사회적 학원 '앨리'를 세상에 내놓기 위해 불철주야 뛰고 있었습니다.

낮에는 법률 회사 일로 정신이 없었고, 밤에는 '앨리' 창립을 도모하는 스태프들과의 회의가 이어졌습니다. 그를 찾아온 중고생들은 다름 아닌 '앨리'에서 미술을 배우고 싶어 하는 학생들이었습니다.
처음 '앨리'에 관한 일을 숨긴 것에 대해 그는 자신이 하는 활동을 설명하기 어렵고 무엇보다 회사의 이해를 구하는 게 가능할까 싶었답니다. 회사 입장에서야 그런 그가 한편으로 괘씸(?)하게 느껴졌을 수도 있습니다.

"미대 진학을 하려면 실기교육을 받아야하는데 미술학원 비용이 재료비 빼고 일년에 천만 원 정도 든다고 합니다.

학벌 중심의 우리 사회에서 형편이 어려운 학생들에게 최소한의 기회를 준다, 라는 의미에서 앨리를 만들었어요."

건국 이래, 요즘처럼 '좋은 대학' 가기 어려운 때가 없었다고들 합니다. 1980~90년대까지만 해도 반에서 1등을 하면 하늘(sky)이라고 불리는 대학에 무리 없이 갈 수 있었고, 예체능계 학생들은 실기 이외에 공부를 그리 잘하지 않아도 진학에 무리가 없었습니다.

그런데 요즘엔 실기를 잘해도 성적 또한 상위 30% 이내에 들어야 좋은 대학에 들어갈 수 있답니다. 공부는 그만그만한데, 그림을 잘 그리거나 음악에 소질 있는 자녀를 둔 부모들은 내 자식의 재능에 뿌듯해할 틈도 없이 '돈 걱정'에 시달려야 한다는군요. 사교육을 받지 않고 음대나 미대 가는 것이 구조적으로 어려우니 말입니다.

이것이 정보근 변호사가 돈 때문에 꿈을 망설이는 아이들이 더 이상 생기지 않도록 무료로

그림을 그리고 또 배울 수 있는 학원, 앨리를 만든 이유입니다.

"저희 고3 학생 중 3명이 이번에 대학에 진학을 했어요. 그중에는 4년 장학금 받고 들어간 학생도 있고요.

꼭 대학입시가 다는 아니지만,
정말 뿌듯하고
보람 있게 활동하고 있습니다."

창립 2년 만에 얻은 정말 소중한 소식입니다.

아참! 법률회사에서는 아직도 정보근 변호사의 '딴 짓'을 모르고 있냐고요?

웬 걸요. 버젓이 사무실에서 '앨리' 아이들의 그림 전시회까지 열고, 정기 후원 약정서까지 돌렸는걸요.

법률회사 대표는 왜 미리 알려주지 않았냐며 만약 그랬다면 좀 더 일찍 좋은 일에 참여할 수 있었을텐데,라고 하면서 정보근 변호사를 원망하기까지 하셨답니다. 그리고 제일 먼저 '앨리' 학생들을 위한 후원 약정서에 꾸욱, 하고 도장을 찍어주셨다네요.

다른 변호사들은 어떻고요.

모두 정 변호사의 일에 동참하기로 마음을 모았습니다.

그러고보니 괘씸한 변호사, 정보근!
그 말이 아주 틀리지는 않은 듯하네요.
다른 사람들의 진심도 몰라주니 말이에요.

어려운 학생들에게도

최소한의 기회는

있어야 한다

꼬리에 꼬리를 무는 이상한 인연

정보근 변호사가 나고 자란 곳은 대구의 변두리, 너나 할 것 없이 하루 벌어 하루 먹고 사는 가난한 동네였습니다.

학원이라고는 주산학원조차 다녀본 적이 없었지만, 그 동네 사정이야 거기서 거기인지라 상대적 박탈감에 시달리지 않고 무사히 고교 졸업을 할 수 있었습니다.

그리고 대학에 들어갔을 때, 가장 먼저 그를 사로잡은 동아리 활동이 '야학'이었습니다.

배움의 시기를 놓치거나 집안 사정 때문에 학교를 다니지 못하는 이들과 함께 공부하며 대학시절의 절반 이상을 '야학'에 쏟아부었습니다.

그 야학 활동의 최고 수혜자는 정보근 변호사의 부모님이었습니다.

두 분 다 학교를 제대로 다니지 못하셨는데, 야학 교사인 아들의 수소문으로 인근 성당 야학에서 중학교·고등학교 졸업장까지 당당히 취득하게 되신 겁니다. 그 모습을 옆에서 지켜보며 정보근 변호사는

'가난 때문에 배움의 기회를 놓치는 일이 생겨서는 안 되겠다'라는 평소의 생각을 더욱 굳힐 수 있었다고 합니다.

이후, 변호사가 되고 미술 관련 사회적 기업의 법률 자문을 하면서 정보근 변호사는 '사회적 학원 엘리'를 만들었습니다.
돈 때문에 재능을 포기해야 하는 학생들의 사연을 귀로 듣고 눈으로 보니 뭐라도 시작해야겠다는 생각이 들었답니다.

경험도 없는 일에 과감히 뛰어들 수 있었던 건, 언젠가 전해 들었던 이야기가 불현듯 머릿속에 떠올랐기 때문입니다. 방글라데시에서 빈민은행을 창립한 무하마드 유누스의 말입니다.

"지금 내가 당장 할 수 있는 가장
작은 일부터 시작하라."

정보근 변호사의 넉넉하지 않은 집안 형편,

그래서 눈길과 손길이 갔던 '야학',

부모님에게 자긍심을 드렸던 검정고시 졸업장,

그리고 변호사가 되고 난 뒤 우연찮게 맡은 미술단체 법률자문,

하필이면 당시 맴돌았던 무함마드 유누스의 명언에 이르기까지.

그가 엘리를 만드는 데에는 꼬리에 꼬리를 무는 일들이 있었습니다.

이 세상에는 무엇 하나 그냥
이루어지는 일은 없는 모양입니다.

He says...

"내가 남한테 베푼다? 그건 아니에요. 내가 남한테, 불쌍한 사람한테 베푸는거라고 생각하면 안 될 것 같아요. 나도 저 상황에 처할 수 있다거나, 혹은 나도 다른 사람의 도움으로 지금의 내가 있을 수 있었다, 라는 생각을 하면 좀 자연스럽게 되는 거 같아요.

돈이 없어 재능을 포기해야 하는 게 현실이라면 바꿔야죠."

『돈 없이도 꿈을 펼칠 수 있도록 스케치북과 붓을 쥐어주는 정보근 히어로.
그가 만든 미술학원 '앨리'에 힘을 보태고 싶다면 리틀 빅 히어로 홈페이지를 통해 '해피 빈 모금함 기부하기'를 링크하면 된다. 링크로 조성된 기금은 〈앨리〉의 후원금으로 사용될 예정이다.』

앨리: http://www.alley.or.kr/

손원우 감독은 말합니다. 신체 장애인을 위한 육환경은 예전과 달리 몰라보게 좋아졌지만, 장애인을 위한 체육환경은 아직도 보잘 것이 고요. **얼음 위의 경기, 아이스하키를 변형 만든 플로어하키!** 국내 최초 플로어하키팀 를 만들어 훈련하면서 느낀 **첫 번째 애로사 도 장비의 절대 부족이었습니다.** 헬멧을 할 비용이 부족해 고민하다가, 인터넷 오토바이 비 구입 사이트에서 공동구매를 통해 겨우 수 있었습니다. 부상 방지를 위해 반드시 착용하 하는 보호장구는 검은색 절연 테이프로 칭칭 매야 몸에 붙어 있었고, **절대 수량이 부족해 경기에 나갈 때는 선수를 교체할 때마다 부착을 반복해야 할 정도였습니다.**

지적장애인들로 구성된
플로어하키 국가대표팀 '반비'를 만들다

episode 22

모두를 주인공으로 만드는 감독 손원우

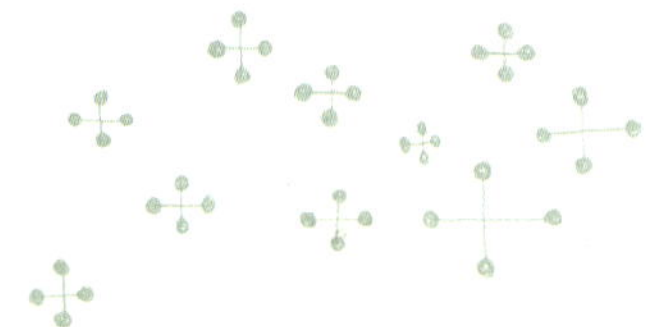

1등만 대접받는 세상이

전부인 줄 알고 살아온 체육학도였습니다.

복지관 체육교사로 취직하기 전까지는 장애인 체육이

뭔지도 몰랐습니다.

그런 그가 지금은 이렇게 말합니다.

"여기에는 일등의 가치를 넘어서는 해답이 있더라고요.

모든 선수들이 주인공이 되는 거죠. 저는 그게 참 좋아요."

지적장애를 안고 있는 15명의 선수와 함께 2013 동계 스페셜 올림픽

플로어하키 국가대표로 출전해

가장 많은 관중을 동원하고 큰 박수를 받은 그는

플로어 하키팀 '반비'의 손원우 감독입니——다.

플로어하키는 아이스하키를 변형시킨 종목입니다. 스케이트 대신 운동화를 신고 마루바닥에서 경기를 펼치지요. 115cm 길이의 스틱으로 지름 20cm의 퍽을 누가 더 골대로 많이 넣느냐에 따라 승부가 갈립니다. 한 가지 특이한 경기 규칙은 모든 선수가 동일하게 출전해야 한다는 점입니다. 경기가 끝났을 때 출전 시간이 크게 다른 선수가 한 명이라도 있으면 몰수패를 당하기 때문이지요.

2012년에 창단한 우리나라 첫 번째 정식 플로어하키 팀은 '반비(반달곰)'!

플로어하키 국내 최강 반비팀 선수들은 모두 국가대표입니다.

창단 1년 만에 거둔 쾌거입니다.

그리고 선수들은 모두 지적장애를 안고 있습니다.

처음 선수들을 모아 놓았을 때는 이렇게 해서 경기를 할 수 있을까 싶게 오합지졸들이었습니다.

제멋대로 이리저리 뛰어다니고 바닥을 뒹구는 건 그만두더라도, 자책골을 넣기 일쑤인데다가 상대편의 퍽을 빼앗겠다며 서로의 발목을 스틱으로 치는 바람에 부상을 입는 경우도 흔했습니다. 무엇보다 어려운 건, 경기 규칙을 익히게 하는 일이었습니다.

손원우 감독이 내린 처방은 바로,
될 때까지 무한반복!

말만 가지고는 어림도 없었습니다. 드리블도, 패스도, 슈팅도 몸으로 보여주는 게 빨랐습니다. 선수들의 거듭되는 실수에도 지치거나 화를 내지 않고 계속되는 무한반복학습! 더디지만 조금씩 선수들의 경기력이 향상되는 게 보였습니다.

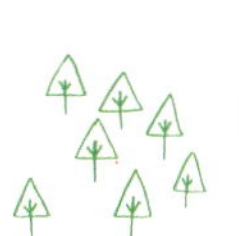

"어떻게 저런 친구들이 경기장에만 들어가면 저렇게 잘 뛰죠?
이렇게 질문하시는 분들이 많더라고요. 그러면 저는 이렇게 말씀드려요. 이 선수들 조금만 더 기다려주고 잠재능력이 있기 때문에 기다려주면 비장애인보다 더 잘합니다,라고요."

기다려주고 또 믿어준 덕분에 선수들은 국가대표가 됐습니다.
그리고 2013 스페셜 동계 올림픽에 출전해 매 경기마다 역전승을 거듭하며 역대 최고 관중 동원의 주역으로 활약했습니다. 전적은 8승 4패! 아쉽게도 4위에 그쳤지만, 좋은 플레이를 펼쳐서 손원우 감독의 엄지손가락이 올라갈 때면 선수들 가슴에 기쁨의 금메달이 걸렸습니다.

"재미있었어요. 힘들지 않았습니다. 아직까지도 저희 장비도 없고 시설도 없고 체육관도 없는 상황이지만 정말 재미있게 하고 있어요. 만약 제가 우리 아이들 같은 조건이었다면 저렇게 할 수 있었을까 생각해보면,

솔직히 전 자신 없어요.
하지만 우리 선수들은 정말 칭찬을
받아야 합니다."

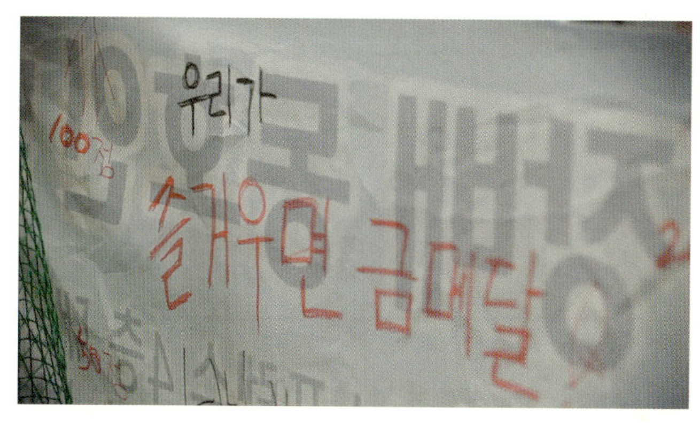

우리는 플로어 하키

국내 최강

반비팀

"우와 너희 나라 플로어하키 역사가 꽤 오래된 모양이네?"

지적 장애인들의 스포츠 축제인 2013 동계 스페셜 올림픽 플로어하키 경기에서 박진감 넘치는 플레이를 선보여 많은 이들의 찬사를 받았던 반비팀 감독 손원우가 외국인 감독에게서 자주 들었던 이야기랍니다. 사실 반비팀은 2년이 채 못 된 신생팀입니다. 그런데 스페셜 올림픽에 출전했던 외국인 감독과 스태프들은 왜 그런 말을 건넸을까요? 반비팀의 장비가 하도 닳고 닳아서 유서 깊은 역사를 지닌 것처럼 보였기 때문이라는군요.

"아이스하키팀 선수들이 쓰다가
창고에 버려놓은 장비를 가지고 와도 저는 좋았어요.
아이들과 뛸 수 있으니까요"

손원우 감독은 말합니다.

신체 장애인을 위한 체육환경은 예전과 달리 몰라보게 좋아졌지만, 지적장애인을 위한 체육환경은 아직도 보잘 것이 없다고요.

얼음 위의 경기, 아이스하키를 변형해 만든 플로어하키!

국내 최초 플로어하키팀 반비를 만들어 훈련하면서 느낀 첫 번째 애로사항도 장비의 절대 부족이었습니다.

헬멧을 구할 비용이 부족해 고민하다가, 인터넷 오토바이 장비 구입 사이트에서 공동구매를 통해 겨우 구할 수 있었습니다.

부상 방지를 위해 반드시 착용해야 하는 보호장구는 검은색 절연 테이프로 칭칭 동여매야 몸에 붙어 있었고, 그마저도 수량이 부족해서 경기에 나갈 때는 선수를 교체할 때마다 탈부착을 반복해야 할 정도였습니다. 장비 부족이야, 플로어 하키 팀 운영을 처음으로 시도하다 보니 그랬다 치더라도, 체육관 한 번 빌려서 사용하는 것이 이렇게 어려울 줄은 미처 몰랐답니다.

연습을 위해 선수들을 한곳에 모이게 하는 것 또한 쉽지 않았습니다.

부모님이 훈련장까지 직접 데려다주는 아이도 있었지만, 형편이 여의치 못한 아이들은 손원우 감독이 직접 차를 몰고 집집마다 다니며 태워 와야 했습니다. 힘들 법도 한데 손원우 감독은 또 말합니다.

반비 팀이 만들어지고 1년여 세월이 흐르는 동안 몸으로 경기 규칙을 익히는 아이들과 함께 뛰고 구르다보니,

체육대학 재학생 시절보다
더 건장한 체격을 갖게 됐노라고,
아이들처럼만 살면 세상은
참 살기 좋은 곳이 될거라고,
정말 많이 변한 건 바로,
손원우 자신이라고 말합니다.

손원우 감독의 긍정적인 생각 덕인지 아이들도 변했습니다.

눈망울은 또렷해지고 목소리는 커졌습니다.

무엇보다, 하고 싶은 운동-플로어하키가
생겨 너무 좋답니다.

아이들은 자다가도 외칩니다.

"플로어하키는 팀워크다."
"파이팅!"
"수고했어."

그 어떤 메달보다 소중하고 값진 가치를 품게 된 반비팀 아이들 곁엔 오늘도 손원우 감독이 있습니다.

반비 파이팅!

수고했어

He says...

"처음 시작해서 지금까지, 변한 건 아이들 표정이죠.
하지만 제일 많이 변한 건 바로 저예요. 많이 배웠어요.

이 친구들처럼만
살아간다면 우리 세상이
참 좋아지겠다, 라는 생각도 하게 됐고요."

『경기 규칙을 가끔씩 잊어버려도, 드리블 실력이 영 향상되지 않더라도, 때로 자책골을 넣더라도 경기가 끝나고 나면 함박 웃음을 지으며 "수고했어"를 외치는 선수들. 그리고 이 모두를 주인공으로 만들어주는 손원우 히어로.
그들이 바라마지 않는 장애인 전용 체육관 '재활 스포츠센터' 만들기에 동참하고 싶다면 리틀빅 히어로 홈페이지를 통해 '해피 빈 모금함 기부하기'를 클릭하는 것도 방법이다.』

강원도장애인종합복지관: http://www.rehab.or.kr/

그렇다고 김광형 씨가 태국어를 전공했다거
태국에 오래 살아서 그 나라 말을 유창
게 하는 건 아닙니다. 그의 태국과의 인연
20년도 더 전에, 다니던 회사가 인건비 문제로
예 태국으로 옮겨가면서 시작됐습니다. 당시에
딱히 태국말을 배울 생각도 하지 않았답
다. 우리말과는 너무 달라 엄두가 나지 않기도
지만, 생활하는 데 별 지장이 없었기 때문이라는
요. 1년 넘게 태국에 살다가 김광형 씨는 다시
국으로 돌아왔습니다. 태국과 한 번 맺은 인연
자꾸만 김광형 씨를 찾아왔습니다. 외국인 노동
들이 우리나라로 막 들어오던 시기에, 김광형 씨
태국 출신 노동자들을 관리하게 됐고, 그의 태
어 공부는 바로 그때부터 시작됐습니다.

13년간 국내에 있는 태국인들의 어려움을 돕다

episode 23

미스터 김은 항시 대기 중 김광형

24시간 휴대폰을 옆에 끼고 삽니다.
언제 어디서 SOS 요청이 올지 모르기 때문입니다.

환갑이 넘은 나이에도 매일 공부를 합니다.
해도 해도 어렵다는 태국어를 더 잘 구사하기 위해서입니다.

지난 13년간 1000여 명 이상의 태국인들에게
무료 통역봉사를 했지만,

정작 관광대국 태국으로 '놀러간 적'은
한 번도 없다는 그는 **김광형** 씨입니——다.

미스터 김, 그의 정체는...

그는 화물을 실어 나르는 트럭 기사입니다.

그런데

그에게는 본업보다 더 바쁜 일이 있습니다.

그 일은 보통 휴대폰을 통해 의뢰가 들어 옵니다.

통화는 도통 알아들을 수 없는 태국말로 이루어집니다.

그의 이름은 김광형.
낯선 나라 한국에 온 태국인들에게
무료 통역 서비스를 제공하고 있습니다.

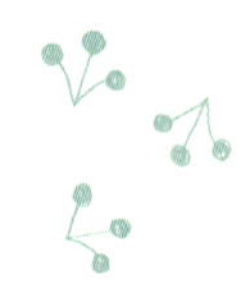

"유럽 어느 나라에서는 외국인을 장애인으로 분류한다 그러더라고요. 뭐 일단 알아듣지도 못하고 말도 못하니까 그럴 법도 하죠. 저도 터키에 갔다가 말이 안 통해서 정말 속 터지는 줄 알았거든요.

과부 사정 홀아비가 안다고 무료 통역을 시작하게 된 것도 제가 그때 겪었던 답답함 때문이에요."

그렇다고 김광형 씨가 태국어를 전공했다거나 태국에 오래 살아서 그 나라 말을 유창하게 하는 건 아닙니다. 그의 태국과의 인연은 20년도 더 전에, 다니던 회사가 인건비 문제로 아예 태국으로 옮겨가면서 시작되었습니다. 당시에는 딱히 태국말을 배울 생각도 하지 않았답니다. 우리말과는 너무 달라 엄두가 나지 않기도 했지만, 생활하는 데 별 지장이 없었기 때문이라는데요. 1년 넘게 태국에 살다가 김광형 씨는 다시 한국으로 돌아왔습니다.

태국과 한 번 맺은 인연은 자꾸만 김광형 씨를 찾아왔습니다.

외국인 노동자들이 우리나라로 막 들어오던 시기에, 김광형 씨는 태국 출신 노동자들을 관리하게 되었고, 그의 태국어 공부는 바로 그때부터 시작됐습니다.

성조가 없는 우리말과 달리 태국말에는 5성이 있습니다. 또 문외한의 눈에 비친 태국 문자는 글보다 그림에 가깝습니다.
"이건 뭐라고 읽어?" 함께 일하는 태국인들에게 물어물어 배웠습니다. 하루라도 쉬면 정체되는 게 외국어 공부인지라,

김광형 씨의 '홀로 태국어 수업'은
십수 년이 지난 오늘날까지
성실하게도 이어져왔습니다.
돋보기를 끼고서 말입니다.

‘미스터 김’과 ‘아버지’ 사이

“그 친구들은 저를 ‘미스터 김’이라고 불러요.

‘미스터김’ 이렇게 불러줄 때 제일 행복해요. 왜냐하면 누가 나한테 미스터 김이라고 불러 주겠습니까. 이 나이에!”

현재 한국에 체류 중인 태국인들은 2~3만 명으로 추정됩니다. 물론 불법 체류자까지 포함된 수치입니다. 경찰서, 법원, 출입국관리소처럼 최소한의 통역료를 지불하는 기관에서도 김광형 씨를 찾긴 하지만, 그에게 걸려오는 전화의 대부분은 긴급 요청입니다.

몇 달씩 임금을 못 받았는데 도저히 말로는 상대가 안 되니 대신 좀 따져 달라 읍소하기도 하고, 새벽 3시에 복막염으로 앓아누웠다거나, 급성 뇌수막염으로 호흡곤란에 빠졌는데 119로 전화를 걸 수도 없어 고통을 호소하기도 하고, 이사를 가야겠는데 돈이 부족하다며 부탁을 의뢰하기도 합니다.

일주일에 절반은 화물차 영업을 하며 생계를 잇고, 일주일에 절반은 여기저기서 걸려오는 태국인들의 민원을 해결하느라 동분서주 중인 김광형 씨. 최근에는 한국에 살고 있는 태국인들의 염원이었던 불당이 완공돼, 거기 거처하는 스님들에게 한국말을 가르쳐주느라 또 시간 가는 줄 모른답니다.

김광형 씨는 태국인들로부터 미스터 김이라 불리는 것을 좋아하지만, 태국인들 중에는 그를 '아버지'라 부르는 이들도 있습니다.

김광형 씨는 지난 13년간 1000여 명의 태국인들에게 입과 귀가 되어 주었습니다. 그러나 누군가의 '아버지'로 불리기까지 그것을 넘어서는 따뜻한 끈이 그들 사이에 연결되어 있으리라 짐작해봅니다.

말이 통하는 사이

'말이 통한다'라는 건 같은 언어를 사용한다는 의미,
같은 경험을 했거나 비슷한 의견을 가지고 있다는 의미,
그래서 마음이 통한다는 의미일 겁니다.

김형광 씨는 일자리를 찾아 한국에 온 태국인들에게 '말이 통하는' 그래서 '마음을 터 놓을 수 있는' 친구가 되어주었습니다.

그런 그가 이번에는 '말이 통하는' 한국인 친구를 만나게 됐습니다.

무슨 이야기인고 하니, 김광형 씨는 〈리틀 빅 히어로〉를 빼놓지 않고 보았는데, 그중에 '만 원 수술'로 유명한 의사 한성익 씨가 인상적이더랍니다. 그가 한성익 씨에게 관심을 보인 것은 산업재해로 두 팔을 잃고 한 쪽 눈꺼풀이 없어진 '룸포차이' 씨 때문이었습니다.

잃어버린 두 팔은 의수로 대체할 수 있지만, 눈꺼풀은 어찌 할 도리가 없는 상황이었답니다. 잘 때에도 한 쪽 눈이 잘 감기기 않아 고생인데다가, 허벅지에서 떼어다 붙인 살은 티가 나게 엉성해 보였습니다. 현재 입원 중인 병원에서도 별 뾰족한 수를 내기 어려웠는데, 마침 그때 김광형 씨 눈에 의사 한성익의 존재가 쏙 들어온 것입니다.

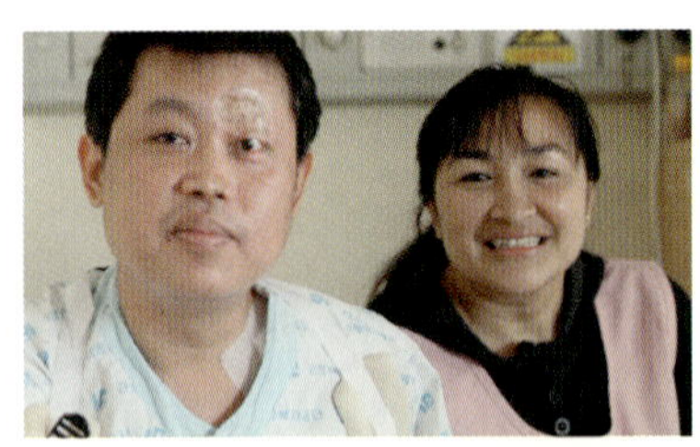

그렇게 해서 '만 원의 수술'의 주인공 한성익 씨와 김광형 씨, 이렇게 두 히어로가 만나게 됐습니다.

이전엔 만난 적도 없고, 살아온 인생길조차 너무나 다른 두 사람이 만났지만 낯선 나라 한국에 와서 말 못할 고생을 겪고 있는 '룸포차이' 씨의 딱한 사정에, 둘은 이내 '말이 통하는 사이'가 됐습니다.

"한 사람이 쓰고 있는 말, 언어는 그 사람의 세계관이다"라는 어려운 철학적 명제가 아무렇지도 않게 이해가 되는 순간입니다.

힘이 납니다

미스터 김

당신 덕에

He says...

외국에서 우리말 하는 사람을 보면 마음이 놓이잖아요.
태국인들에게는 제가 그런 사람일 거예요.
그리고 제가 나이가 좀 있잖아요.
그러니까 연장자로서 알려주고…

그저 안내자 역할을 하는 거죠.

『언제 걸려올지 모르는 태국인들의 SOS 요청에 대비해 늘 대기 중인 김형광 히어로. 무료 통역으로 태국인들의 살가운 친구이자 인자한 아버지 노릇까지 도맡고 있는 김광형 히어로. 그를 응원하고 싶다면, 리틀 빅 히어로 홈페이지를 통해 '해피 빈 모금함 기부하기'를 링크하면 된다. 이렇게 조성된 기금은 김광형 씨가 자원봉사자로 소속돼 있고, 수원 지역 이주민(이주 노동자, 결혼이민여성 등)을 위해 따뜻하고도 살뜰한 지원을 아끼지 않는 〈수원 엠마우스〉의 후원금으로 사용될 예정이다.』

수원엠마우스 인터넷 동호회: http://cafe.daum.net/emmaus08

주지훈은 대한민국 최고의 수재들이 모인다는
학을 졸업했고, 해마다 연봉소득 상위에 랭크되
치과의사라는 직업을 가졌으며, 처음 만난 사
과도 스스럼없이 대화를 주도하는 매력적
남자입니다. 당연히… 그의 치과는 환자들로 붐
입니다. 치과의사 주지훈을 능가하는 대단
독지가들은 많습니다. 그러나 그는 혼자보
여럿이 함께할 수 있는 '좋은 일'을 꾸미고 완성
냈습니다. 지속가능한 경영을 위해 사회 공헌을
민하는 기업에게는 돈 쓸 자리를 마련해주었고,
끔은 환자를 '고객'으로 여기게 된 동료 선후배
사들에게 진료 그 자체의 기쁨을 되새기게 해주
으며, 충치로 고생하는 아이들에게 환한 웃음
선물해 주었습니다. 무엇보다 스스로 '잘 살
있다'는 만족감을 느끼고 있습니다.

최고 시설의 치과버스로
30여 명의 치과의사들과 무료진료를 하다

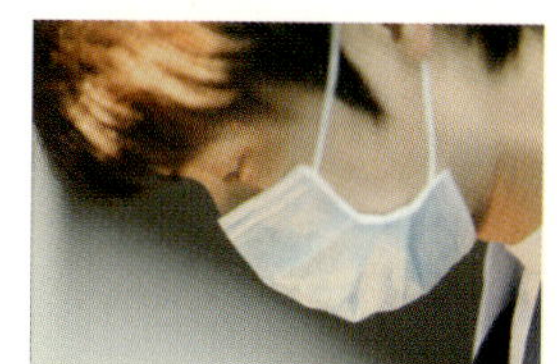

episode 24

5억 원짜리 차를 모는 치과의사 주지훈

5억 원짜리 차를 모는 치과의사가 있습니다.

사치스럽다고요?
웬걸요. 그는 더 많은 돈을 벌고 싶어 합니다.
꼭 써야 할 데가 있는 사람처럼 말입니다.

그는
뜻을 같이하는 동료들과 함께
찾아가는 무료 치과 버스를 만들어 어린이들에게
튼튼한 미래를 심어주는

치과의사 주지훈입니——다.

첫 인상

나이 사십을 넘긴 이들은 자신의 얼굴에 '책임'을 져야 한다고들 합니다. 그런데 이 남자 '비주얼'이 예사롭지 않습니다. 넉넉한 집안에서 부모님 사랑 듬뿍 받으며 모범생으로 커서 모난 데라고는 하나도 안 보이는... 그래서 누구에게나 부드러운 남자! 이것이 마흔을 넘긴 치과의사, 주지훈의 첫인상이었습니다.

그는 아이들을 돕고 있습니다.

다른 치과의사들과는 조금 다른 방법으로 말이지요.

"치아가 상하면 음식을 제대로 씹지 못해서 영양상태가 부실해지고 성장 장애까지 생길 수 있어요. 특히 앞니가 썩었을 경우에는 대인관계 기피증이 생기게 돼요. 드러내고 웃지를 못하거든요."

5억 원짜리 자동차

치과의사 주지훈에게는 3년이란 시간을 공들여서 제작한 5억 원짜리 차가 있습니다. 페라리, 벤틀리, 람보르기니 등 이름만 들어도 '억' 소리 나는 고급 외제차냐고요? 그 차는 이렇게 생겼습니다.

내부는 이렇습니다.

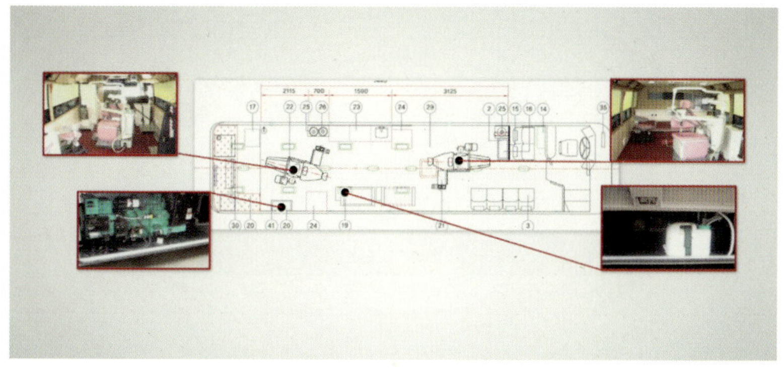

이런 차를 만들어주는 자동차제작사는
이 세상에 없습니다. 하지만 '안 되는 게 없는 대한민국'에서 치과의사 주지훈은 일을 꾸미기 시작했습니다.

치과 버스의 안정적인 운영을 위해 스폰서가 돼 줄 만한 대기업을 물색하고, 치료하는 의사와 치료받는 환자 모두가 편안하도록 버스 내부 개조에 돌입하고, 치과 장비를 마련하기 위한 돈을 모금하고, 치료 대상인 어린이들이 두려움 없이 버스에 오를 수 있도록 외부를 치장했습니다. 그렇게 해서 걸린 시간이 3년, 들인 돈이 5억 원에 이릅니다.

치과의사 주지훈과 그의 '일당'들입니다.

잘 생기고 성격 좋고 돈도 잘 버는 그에게는 친구들도 많습니다. '좋은 일 한번 해보자'며 동료 선후배 의사들에게 무료 진료를 제의하자, 덥석 손을 잡아준 이들이 30여 명에 이릅니다. 그는 이들과 함께 일주일에 한 번씩 이 버스와 함께 치과진료비가 부담스러운 어린이들을 직접 찾아갑니다. 그가 말합니다.

"비싼 치료비가 불가능한 사람들한테는 치료비를 안 받고 치료해줄 수 있는 그런 사회가 되면 조금 더 따뜻한 세상이 될 수 있지 않을까요?
저는 그렇게 생각해요."

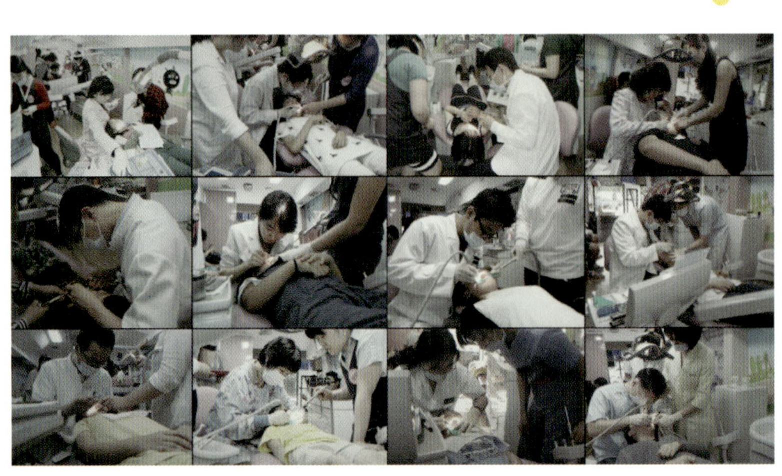

치료비가 없어도

치료를 받을 수 있는

그런 사회

진짜 잘 사는 사람이 되고 싶어요

주지훈은 대한민국 최고의 수재들이 모인다는 대학을 졸업했고, 해마다 연봉소득 상위에 랭크되는 치과의사라는 직업을 가졌으며, 처음 만난 사람과도 스스럼없이 대화를 주도하는 매력적인 남자입니다. 성격은 또 얼마나 소탈하고 상냥한지 이런 치과 의사라면 '호환 · 마마보다 두렵다는' 충치 치료도 거뜬히 받을 수 있겠다는 마음마저 듭니다.

당연히… 그의 치과는 환자들로 북적입니다.

그는 진짜 잘 살고 있는 듯합니다.

"누구나 다 경쟁에서 이기고 싶어 하고 잘나가고 싶어 하죠. 그런데 혼자 아등바등 노력한다고 해서 되는 건 아니더라구요. 설사 성공했다고 해도 그걸 이어나가는 건 더 어렵잖아요. 계속 잘 사는 사람과 그렇지 못한 사람의 차이는 어디서 오나… 생각해봤는데, 제가 내린 결론은 이거예요. 평소에 주변 사람들과의 관계를 어떻게 맺느냐, 나를 지지해주는 사람은 얼마나 되느냐, 그 차이인 것 같아요."

치과의사 주지훈을 능가하는 대단한 독지가들은 많습니다.

그러나 그는 혼자보다 여럿이 함께할 수 있는 '좋은 일'을 꾸미고 완성해냈습니다. 지속가능한 경영을 위해 사회 공헌을 고민하는 기업에게는 돈 쓸 자리를 마련해주었고, 가끔은 환자를 '고객'으로 여기게 된 동료 선후배 의사들에게 진료 그 자체의 기쁨을 되새기게 해주었으며, 충치로 고생하는 아이들에게 환한 웃음을 선물해주었습니다.

무엇보다 스스로 '잘 살고 있다'는 만족감을 느끼고 있습니다.

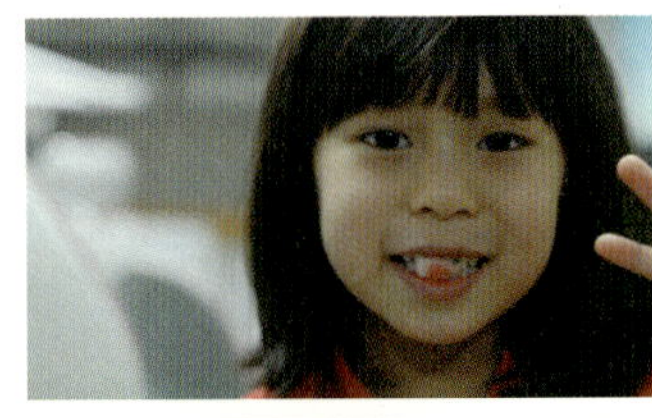

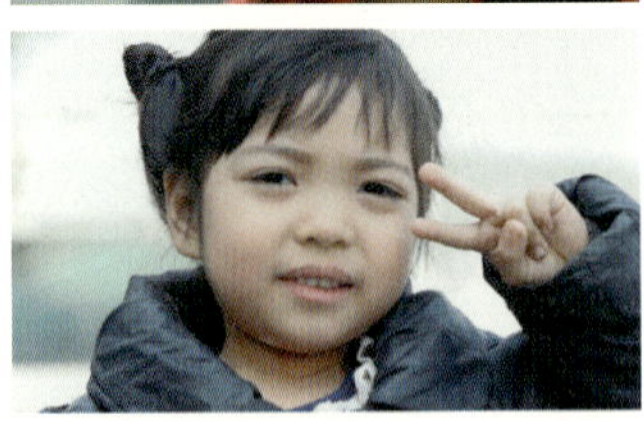

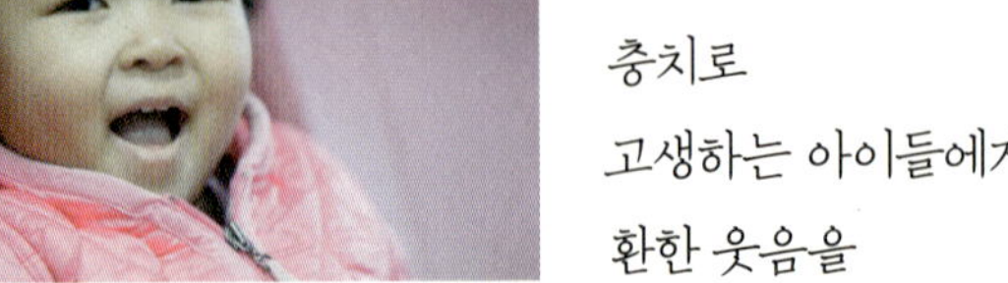

충치로
고생하는 아이들에게
환한 웃음을

이쯤 되면 치과의사 주지훈, 이 분은 왜 이런 일을, 어쩌다 하게 되었는지 궁금해집니다. 그에게 전해들은 이야기에서 두 가지 화두(話頭)가 있음을 짐작하게 됩니다.

첫 번째 화두(話頭)는 그가 겪은 가난입니다.

그의 증조할아버지는 지역에서 이름 높은 자산가셨답니다. 그런데 정작 그는 고등학교 다닐 때 '납부금'조차 제때 내지 못할 정도로 형편이 어려웠습니다. 심지어 치대생을 아들로 둔 그의 어머니조차 이른바 '야매의사'에게 치아를 맡겨야 할 정도로 가난은 그와 그의 가족을 괴롭혔습니다.

그런 그가 무사히 학교를 마칠 수 있었던 건,
참고서나 문제집을 넌지시 건네주거나
간혹 '납부금'을 내주시는
은사들 덕분이었다고 그는 고백합니다.

두 번째 화두(話頭)는 그가 앓고 있는 병입니다.

희귀 난치성 질환이라는 '베체트병'의 원인은 전문가들도 잘 모릅니다. 따라서 치료도 요원합니다. 그저 증상을 다스릴 뿐입니다.
베체트병 환자는 쉽게 피로를 느낍니다.
하루 종일 등을 구부린 자세로 남의 입 속을 들여다봐야 하는
치과 의사 일이 그에게는 때로 고통입니다.

그는 말합니다.
이렇게 경쟁이 심한 사회에서
나 혼자 열심히 한다고 해서
성공할 수 있는 것은 아니라고요.

참된 의미로 성공하는 사람 곁에는 항상 그를 지지하고 뜻을 함께하는 이들이 많다는 사실을 어렴풋이 깨달았다고 말이죠.

그는 또 말합니다. 본인의 증세는 같은 질환을 앓고 있는 다른 이들에 비해 무겁지 않으며 오히려 '아픔'으로 인해 인생의 터닝 포인트를 겪게 됐다고 말입니다.

이렇게 그는 가난이라는 긴 터널을 뚫고 나오게 된 터닝포인트가 다른 사람의 도움이라는 사실을 잘 알고 있습니다.

21세기형 세련된 히어로, 그가 바로 치과 의사 주지훈입니——다.

정말로

잘 사는 사람이

되고 싶어요

He says...

전국의 치과 의사가 2만 명이에요. 그중 2천 명만 함께해도 돈 없어서 치과 못 가는 아이들은 없어질 거예요. 이렇게 한다고 금방 사회가 바뀔 거라 생각하지는 않아요. 그냥 미미하더라도 제 작은 행동이 조금이나마 사회에 도움이 되었으면 해요.

사람들이 서로서로 존중해주고 함께하는 사회, 그런 '젠틀한' 사회가 되었으면 하는 바람입니다.

『돈 없는 아이들에게 무료로 치과 진료를 받게 해주는 주지훈 히어로.
그와 함께 형편이 어려워 치과 치료를 받지 못하는 아이들에게 힘을 주고 싶다면 리틀 빅 히어로 홈페이지를 통해 '해피 빈 모금함 기부하기'를 링크시키면 된다.』

제니튼: http://www.zeniton.com/

대구 경북지역 대학가에는 청소 일을 하시는 분이 십시일반 돈을 모아 어려운 이웃 돕는 이 들불처럼 번지고 있다는 이야기를 들습니다. 수소문 끝에 그분들을 만나게 됐습니 그분들은 대구 계명대 관리사분들이셨습니다. 씀을 들어본즉슨, 재활용이 가능한 파지, 캔, 트병 등의 판매금액을 따로 모으기 시작한 것 외환위기 이후인 1998년 즈음부터라고 했습 다. 당시에는 우리 돈의 가치가 급격히 떨어져 입에 의존하던 종이, 알루미늄 캔 등의 값이 천 부지로 올랐기 때문입니다. 많을 때에는 한 달 300~400만원까지 모이기도 했습니다. 얼떨결 생긴 부수입은 관리사들에게 '골치 아닌 칫거리'가 돼버렸습니다. 관리사분들은 이 을 어떻게 쓸 것인지 머리를 맞댔고, 마침 당시 임의 회장을 맡으셨던 분의 제안으로 어 운 이웃돕기에 쓰기 시작하셨답니다.

15년째, 학생들이 버린 쓰레기로 성금을 만들어 이웃들을 돕다

episode 25

마흔두 명의 연금술사들
계명대 환경관리직원 일동

한 명이 아니고 마흔두 명입니다.

나이도 다르고 생김새도 다른 마흔두 명이지만
그들에게는 공통점이 있습니다.

대학 캠퍼스에서 '청소'와 '관리'라는 일을 같이 맡고 있고,
'청소'를 통해 배출되는 재활용 자원으로
지난 15년간 남을 도와왔습니다.

중세의 연금술사는 납을 금으로 바꾸려는 꿈을 가지고 있었고
비록 그 꿈은 성공하지 못했지만,
그들에 의해 1000년간 발견된 지식은
근대 화학의 초석이 되었습니다.

대구 계명대 마흔두 명의 관리사분들을
현대의 연금술사라 부르는 이유입니다.

진짜 원조(元祖)

그들은 매일

쓸고 닦고 비우고 치웁니다.

하루도 빠지는 법이 없습니다.

그러나 버리는 사람은 치우는 사람을 모릅니다.

보이지 않는 곳에서

희망을 창조하는 연금술사

"학생들이요 담배꽁초는 말할 것도 없고요. 엉망입니다."

"치우고 돌아서면 5분도 안 돼서 또 그 자리를 더럽히고"

"솔직히 말해서 한 대 쥐어박고 싶죠."

하하하! 거리낌 없이 쓰레기를 버리는 학생들은 그나마 양반이랍니다. 찾기도 어려운 구석구석에 교묘히 담배꽁초를 숨겨놓는 경우도 다반사라니, 학생들을 그저 고운 눈으로만 볼 수 없는 데엔 그만한 사정이 있었습니다.

그래도 그들은 매일
알아봐주는 사람 하나 없지만
그들만의 방식으로
쓸고 닦고 비우고 치우면서
버려진 것을 쓸모 있는 것으로
바꿉니다.

알루미늄 캔 1kg에 220원

유리병 1kg에 100원

파지 1kg에 40원

커다란 이불 보따리만한 쓰레기더미 40개에서

매일매일 황금으로 바뀌는 돈 한 달에 200여만 원

평범하기 이를 데 없는 마흔두 명의 남자들이

땀으로 일군 돈입니다.

지난 15년간 정갈하고 꼼꼼하게 모아온
이 돈으로 그들은 쓰레기를 버린 이들,
바로 학생들에게 다시 돌려줍니다.

"학생들에게 장학금을 전달하는데
가슴이 뭉클했어요. 왜 그런지 모르겠어요.
그냥 돈만 좀 더 있었으면 10명까지도
주고 싶어요."

"학생들이 있기 때문에 우리가 이 일을 유지할 수 있으니까 원망만 하는 건 아니죠. 속으로는 '더 많이 버려라' 그럼 돈이 더 되고 학생들에게 더 많이 줄 수 있으니까. 우리도 계속 일할 수 있으니까. 그렇게 생각하고 있습니다."

그저 묵묵히 드러내지 않고 이어온 작은 기적!

그들을 감히 현대의 연금술사라 부르는 이유입니다.

진짜 원조(元祖)

서로 자신이 원조라며 다투는 일이 흔한 세상입니다.

족발을 먹으러 장충동에 가거나 떡볶이를 먹으러 신당동에 갈 때 진짜 원조는 어디일까 궁금해 하는 사람들이 많지만, 제각각 그럴듯한 이유를 대며 자신이 원조라 주장하는 상점들 속에서 진짜 원조를 찾기란 참으로 요원한 일이 되고는 합니다.

그런데 이번엔 진짜 원조를 만났습니다.

대구 경북지역 대학가에는 청소 일을 하시는 분들이 십시일반 돈을 모아 어려운 이웃 돕는 일이 들불처럼 번지고 있다는 이야기를 들었습니다. 참으로 아름다운 이야기였습니다. 도대체 이런 일을 처음 하신 분들은 누굴까 궁금해졌습니다. 수소문 끝에 그분들을 만나게 됐습니다.

그분들이 바로,
대구 계명대 관리사분들이셨습니다.

말씀을 들어본즉슨 재활용이 가능한 파지, 캔, 페트병 등의 판매금액을 따로 모으기 시작한 것은 외환위기 이후인 1998년 즈음부터라고 했습니다. 당시엔 우리 돈의 가치가 급격히 떨어져 수입에 의존하던 종이, 알루미늄 캔 등의 값이 천정부지로 올랐기 때문입니다.
많을 때에는 한 달에 300~400만 원까지 모이기도 했습니다.

얼떨결에 생긴 부수입은 관리사들에게 '골치 아닌 골칫거리'가 돼버렸습니다.

관리사분들은 이 돈을 어떻게 쓸 것인지 머리를 맞댔고, 마침 당시 모임의 회장을 맡으셨던 분의 제안으로 어려운 이웃돕기에 쓰기 시작하셨답니다.

세월은 흘렀습니다. 그동안 재활용 자원의 가격은 올랐다 내렸다 널을 뛰었습니다. 초대 회장님을 비롯해서 많은 관리사 분들의 자리 이동도 있었습니다. 그러나 변치 않은 것은, 재활용 자원을 팔아서 마련한 돈을 어려운 이웃에게 쓰는 일이었습니다. 그렇게 15년이 흘렀고

현재 대구 계명대에서 근무하는 마흔두 명의 관리사분들 역시 이 전통을 지키고 있습니다.

그리고 계명대 관리사분들의 미담은 대구대, 경일대, 영남대 등으로 전파되어 훈훈한 미담들이 언론을 타고 널리 퍼지게 됐습니다.

리틀 액션 빅 체인지(Little action Big change)는
바로 이런 분들에게 딱 어울리는 표현이겠지요.

계명대

마흔두 명의

연금술사

They say...

"그냥 여기 버리면 되는데 다른 데 버리고, 앞에서 쓸고 있는데 뒤에서 싹 버리면 그냥 한 대 쥐어박고 싶죠. 그런데 학생들이 있기 때문에 우리가 이 일을 유지할 수 있으니까 속으로 '더 많이 버려라' 해요.

그럼 돈이 더 되고 학생들에게 더 많이 줄 수 있으니까 서로 공존할 수 있잖아요."

『자신이 맡은 자리의 소중함을 알고, 그 자리를 진정으로 빛낼 줄 아는 계명대 마흔두 명의 히어로들. 그들과 함께 장학금 만들기에 동참하고 싶다면 리틀 빅 히어로 홈페이지를 통해 '해피 빈 모금함 기부하기'를 링크시키면 된다.』

tvN

리틀 빅 히어로

〈리틀 빅 히어로〉의 주인공은 평범한 사람들이다.

이들은 곳곳에서 자신이 할 수 있는 것에서부터 나눔을 실천한다. 혼자만 하는 것이 아니다. 주변의 이웃, 동료와 함께 '착한 일'을 확산시키고 있으며, 그들만의 사회 커뮤니티를 만들어 활동한다. 그래서 진정 '더불어 함께하는 삶'을 보여준다. 그야말로 '작지만 위대한 행동과 감동적인 스토리'를 만들어나가고 있다. 요즘처럼 영웅 없는 시대에 '진짜 영웅'들이다.

이들은 진짜 '행동'한다. 모두가 '나중에…'라며 미뤄두는 일을 그냥 '액션'해버린다. 그야말로 "Little Action! Big Change!"
어느 미래예측 전문가는 미래는 '시민영웅'이 없으면 안 되는 절체절명의 시대가 될 것이라고 말했다. 미래에는 정부의 권력이 줄어들기

때문에 '자발적 봉사와 기부'를 조직하고 실천하는 '시민영웅'이 꼭 필요하다는 것. 우리는 어쩌면 이들을 통해 미래를 준비하고 있는지도 모른다.

또한 이들은 '행동바이러스'로 '행복바이러스'를 퍼뜨리는 사람들이다. 어릴 때 담아두었던 착한 생각, 사회를 조금씩 알아가면서 다짐했던 정의로운 꿈, 나이 들어가면서 소박하게 실천해보고 싶은 나누는 삶에 대한 '로망' 등. 누구나 품고 있는 이런 생각들을 행동하고 실천했고 그러다보니 행복해졌다고 한다. 가진 것이 많아 준 것이 아니고, 희생으로 이루어낸 것도 아니다.
결국 이들은 그들이 가장 중요하게 여기는 가치, '자신과 개인의 행복'을 찾은 사람들이다. 그리고 행동으로 사회를 아름답게 변화시키고 있다.

우리는 이런 '소시민영웅'들을 널리 소개해서 사회에 희망을 전달하고자 한다. 그리고 진짜 잘 사는 법, 진짜 행복해지는 방법을 소개하고자 했고 앞으로도 계속 그럴 것이다.

tvN 〈리틀 빅 히어로〉는 지난 2012년 8월에 첫 방송되어 작은 나눔을 실천하는 우리 시대의 소시민 영웅들을 소개한 tvN의 5분짜리 다큐 프로그램이다.

tvN에게는 단 하나밖에 없는 사회 참여 성격이 짙은 공익적인 프로그램이며, 제작진들에게는 프로그램을 만들면서 좋은 사람들을 만나 힘든 제작환경에서도 꿋꿋이 원기를 회복하게 하는 프로그램이다.

때로 혼자 외로웠던 히어로에게는 용기를 주었을 것이고, 막 시작한 히어로에게는 계속 나눔을 실천하도록 하는 부담을 주었을 테고, 운영이 너무 어려웠던 히어로에게는 혹 방송에 나가면 얻어질까 했던

많은 수혜(?)들이 별로 없어 실망을 안겨주기도 한 프로그램이었을 것이다.

시청자들에게는 어땠을까?

홈페이지에 들어가 '기부하기'를 클릭하여 후원을 한 분들도 있을 것이고 진정 '행복하고 즐거운 삶'이란 무엇일까 고민하는 분들은 대리만족을 느낄 수도 있었을 것이다.

시청자들의 반응이 어느 쪽이든 프로그램에서 소개한 소시민영웅이 많아지면 사회가 더 살만한 곳으로 변할 수 있을 것이라는 확신을 드릴 수 있었으면 좋겠다.

〈리틀 빅 히어로〉는 방송뿐 아니라 프로그램 홈페이지, 네이버 해피빈, CJ나눔재단 홈페이지 등과 연계하여 히어로들의 활동을 지지하거나 후원하는 모금활동까지 함께 진행하고 있다.

'일상의 숨은 영웅'을 찾고 있기 때문에 전국민들이 참여하는 〈리틀 빅 히어로〉를 계획하고 있다. 여기서 선정된 히어로가 레드카펫을 밟고 온 국민의 환호를 받으며 트로피를 받는 그날을 제작진들은 조용히 꿈꾸고 있다.

히어로들의 활동을 후원하고 싶으신 분은 tvN 〈리틀 빅 히어로〉 홈페이지와 네이버 '해피빈 캠페인참여'에서 할 수 있습니다.

* 리틀 빅 히어로 홈페이지 littlebighero.interest.me/

* 네이버 해피빈 홈페이지 happybean.naver.com/

이 프로그램을 만든 사람들

기획 · 총괄	임소연
연출	박미선, 박소연
작가	한지원, 김정민, 박월항
촬영감독	고민석
일러스트	김유진
마케팅	양혜선, 이상록, 강희진, 박수정, 정고운, 이창곤, 김숙정
CJ나눔재단	전창훈
CJ사회공헌담당	이수정
웹 기획	양희선, 채수정
웹 디자인	한주희, 이재은
브랜드 디자인	김지형, 황태연, 배현진
편성	신동호, 구기원, 양지영, 박나래, 한소라
운행	조영아, 진윤주, 안은지
종합편집	김정희
음악 · 믹싱	우마데우스
제작관리	이덕신, 김희연, 김성미, 김미연
조연출	양정우, 이진욱, 김수태, 신규정, 김인하
자료조사	이임송, 이정은, 박소영, 함희정
외주제작사	미디어 길
온라인캠페인	네이버 해피빈 (김미현, 박지은)

KI신서 5188

리틀 빅 히어로

1판 1쇄 인쇄 2013년 8월 16일
1판 1쇄 발행 2013년 8월 21일

방송 프로그램 기획 tvN
펴낸이 김영곤 **펴낸곳** (주)북이십일 21세기북스
부사장 임병주
미디어콘텐츠 기획실장 윤군석
책임편집 배상현 **미디어믹스팀** 박정효
디자인 표지 윤영선 **본문** 윤영선 전지선
본문 일러스트 김유진
마케팅영업본부장 이희영 **영업** 이경희 정경원 정병철
광고제휴 김현섭 강서영 우중민 **프로모션** 민안기 최혜령 이은혜
출판등록 2000년 5월 6일 제10-1965호
주소 (우413-120) 경기도 파주시 회동길 201(문발동)
대표전화 031-955-2100 **팩스** 031-955-2151 **이메일** book21@book21.co.kr
홈페이지 www.book21.com **트위터** @21cbook **블로그** b.book21.com

ISBN 978-89-509-5129-0 13300
책값은 뒤표지에 있습니다.